Moment mal!

Lehrwerk für Deutsch als Fremdsprache

Textbook 1

by
Martin Müller
Paul Rusch
Theo Scherling
Reiner Schmidt
Lukas Wertenschlag
Heinz Wilms

in cooperation with
Christiane Lemcke

English language edition by
Joseph Castine

Langenscheidt

Berlin · Munich · Vienna · Zurich · New York

Visual concept, layout and illustrations: Theo Scherling
Cover: Theo Scherling and Andrea Pfeifer, using photographs by Birgit Koch/IFA-Bilderteam
(large photo) and Cornelia Gick (small photo)
Review-parts: Cornelia Gick
Editors: Gernot Häublein, Sabine Wenkums, Hans-Heinrich Rohrer

Authors and publisher gratefully acknowledge the critical assistance by all colleagues
who tested **Moment mal!** in the classroom.

Moment mal!
Lehrwerk für Deutsch als Fremdsprache
Volume 1: Components

Textbook 1	3-468-96940-6
Workbook 1	3-468-96942-2
Workbook Package 1 (contains Workbook and 2 CDs)	3-468-96943-0
Teacher's Handbook 1	3-468-47753-8
Transparencies 1	3-468-47754-6
Tests 1	3-468-47755-4
2 Cassettes 1.1 (use with Textbook 1)	3-468-47756-2
Cassette 1.2 (use with Workbook 1)	3-468-47757-0
Cassette 1.3 (pronunciation training)	3-468-47758-9
Cassette 1.4 (use with tests)	3-468-47759-7
CD-ROM *Moment mal! 1*	3-468-47820-8
Glossary German–English	3-468-47760-0
Glossary German–Spanish	3-468-47764-3
2 CDs 1.1 (use with Textbook 1)	3-468-47768-6
2 CDs 1.2 (use with Workbook and for pronunciation training)	3-468-47769-4
CD 1.3 *(use with tests)*	3-468-47809-7
Glossary Deutsch–Englisch 1	3-468-47760-0
Glossary Deutsch–Spanisch 1	3-468-47764-3

Symbols used in **Moment mal! Textbook 1:**

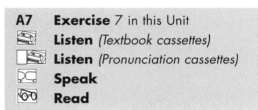

A7   **Exercise** 7 in this Unit
Listen *(Textbook cassettes)*
Listen *(Pronunciation cassettes)*
Speak
Read

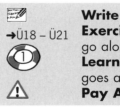

Write
Exercises 18–21 in the workbook
→Ü18 – Ü21 go along with this section.
Learning Tip 1 in the workbook
goes along with this section.
Pay Attention! You must learn this!

Moment mal! uses the changes from the new German spelling reform of 1996.

Printed on chlorine-free paper.

© 1997 Langenscheidt KG, Berlin and Munich/Langenscheidt Publishers, Inc., New York

Printed by Langenscheidt, Berlin
Printed in Germany · ISBN 3-468-**96940**-6

www.langenscheidt.de/moment-mal.

Contents

Contents

Contents

Menschen – Sprachen – Länder – Städte

A1

Listen and look.

Greetings

What is Maria saying?
What is Yves saying?

A2

Read out loud.
What do you say?

1 Menschen

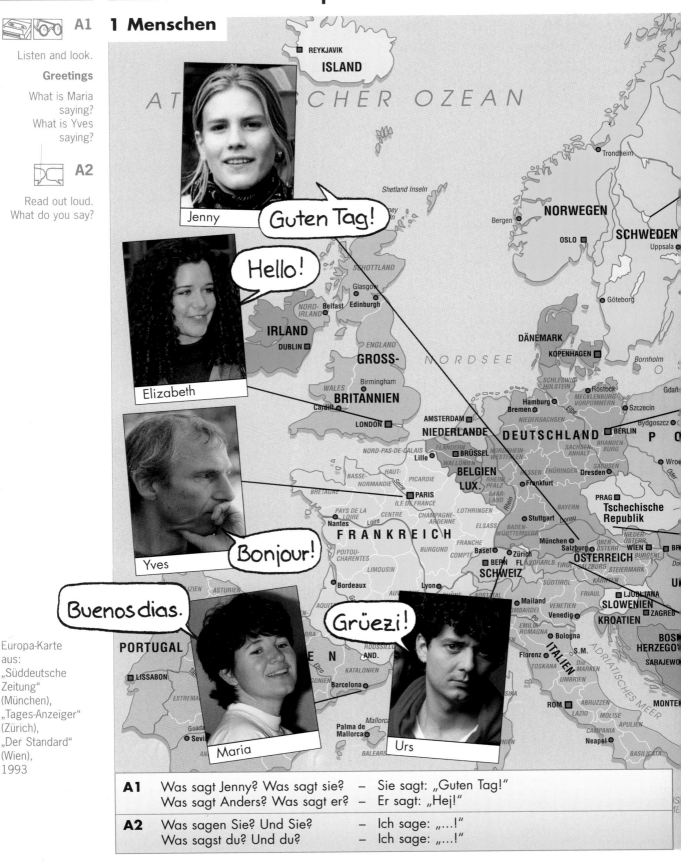

Europa-Karte aus: „Süddeutsche Zeitung" (München), „Tages-Anzeiger" (Zürich), „Der Standard" (Wien), 1993

A1	Was sagt Jenny? Was sagt sie?	–	Sie sagt: „Guten Tag!"
	Was sagt Anders? Was sagt er?	–	Er sagt: „Hej!"
A2	Was sagen Sie? Und Sie?	–	Ich sage: „...!"
	Was sagst du? Und du?	–	Ich sage: „...!"

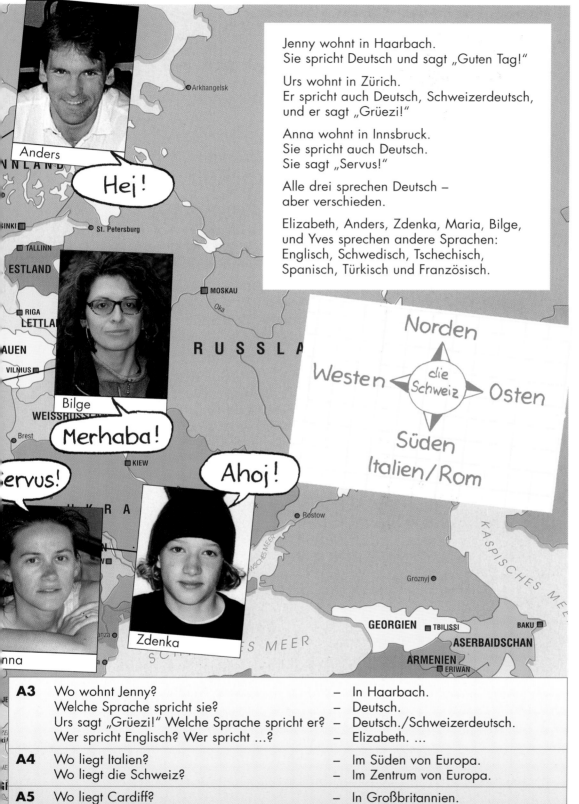

Jenny wohnt in Haarbach.
Sie spricht Deutsch und sagt „Guten Tag!"

Urs wohnt in Zürich.
Er spricht auch Deutsch, Schweizerdeutsch,
und er sagt „Grüezi!"

Anna wohnt in Innsbruck.
Sie spricht auch Deutsch.
Sie sagt „Servus!"

Alle drei sprechen Deutsch –
aber verschieden.

Elizabeth, Anders, Zdenka, Maria, Bilge,
und Yves sprechen andere Sprachen:
Englisch, Schwedisch, Tschechisch,
Spanisch, Türkisch und Französisch.

Norden

Westen — die Schweiz — Osten

Süden

Italien/Rom

A3

Read.

Information: People

Where does Jenny live?
Which language does she speak?
Where does Urs live?
Which language does he speak?
Who speaks English?

→Ü1 – Ü3

A4

Listen

Countries and cities

Where is Italy?
Where is ...?

→Ü4 – Ü5

A5

Read out loud.

Where is Bern?
What is the capital of Switzerland?

→Ü6 – Ü11

A3	Wo wohnt Jenny?	– In Haarbach.
	Welche Sprache spricht sie?	– Deutsch.
	Urs sagt „Grüezi!" Welche Sprache spricht er?	– Deutsch./Schweizerdeutsch.
	Wer spricht Englisch? Wer spricht ...?	– Elizabeth. ...
A4	Wo liegt Italien?	– Im Süden von Europa.
	Wo liegt die Schweiz?	– Im Zentrum von Europa.
A5	Wo liegt Cardiff?	– In Großbritannien.
	Wo liegt Bern?	– In der Schweiz.
	Was ist die Hauptstadt von Österreich?	– Wien.

2 Name – Sprache – Land – Wohnort

 A6

Read text ①.
Where does Bilge
come from?
Where does she
live?
Which languages
does she speak?

① Bilge Akyal wohnt und arbeitet in Berlin.
Sie ist Türkin. Sie sagt „Merhaba!"
Das ist Türkisch. Sie spricht auch Deutsch.
Familie Akyal kommt aus der Türkei, aus Izmir.
Bilge sagt, sie ist Türkin und Deutsche.

 A7

Read texts ② – ③.
Where does Martin
come from?
Where does he live?
Where does Akemi
come from?
Where does she
live?

→Ü12 – Ü13

② Das ist Martin Baumgartner.
Er spricht Deutsch, Französisch und Polnisch.
Er ist Schweizer und wohnt in Warschau.
Warschau ist die Hauptstadt von Polen.

③ Sie heißt Akemi Waldhäusl.
„Akemi" ist Japanisch. „Waldhäusl" ist Deutsch.
Akemi lebt in Innsbruck und ist Österreicherin.
Sie spricht Japanisch und Englisch.
Und sie lernt gerade Deutsch.

 A8

Read the texts
① – ③ and
collect the
information.

→Ü14 – Ü15

Vorname	Nachname	Land	Nationalitäten	Sprachen
Bilge	Akyal	Türkei	Türkin, …	Türkisch, …
Martin				
Akemi				

 A9

Ask and answer
the questions:

A6	Woher kommt Bilge?	–	Sie kommt aus der Türkei. Aus Izmir.
A7	Wo lebt und arbeitet sie?	–	In Berlin. Sie ist Türkin und Deutsche.
A9	Woher kommt Martin?	–	Er kommt aus der Schweiz. Er ist Schweizer.
	Wo wohnt er?	–	Er wohnt in Warschau.
	Welche Sprachen spricht er?	–	Er spricht Deutsch, Französisch und Polnisch.
	Und Akemi? Woher kommt sie?	–	Aus Österreich. / Aus Japan.
	Welche Sprache lernt Akemi gerade?	–	Sie lernt Deutsch.
	Wer ist das?	–	Das ist Bilge. Sie ist Türkin.
	Wie heißt er?	–	Er heißt Martin. Er ist Schweizer.
		–	Ich weiß nicht.

3 Name – Wohnort – Adresse

① ● Wie heißt du?
   ○ Ich heiße Maria.
   ● Und woher kommst du?
   ○ Aus Alicante.
   ● Alicante? Wo ist das?
   ○ In Spanien.
   ● Und wo wohnst du?
   ○ In Bremen.

A10

Listen and read.

Introducing people

What is her name?
Where does she come from?
Where is that?
Where does she live?

② ● Wie heißen Sie, bitte?
   ○ Mein Name ist Arthur Miller.
   ● Und woher kommen Sie?
   ○ Aus Abingdon.
   ● Abingdon? Wo ist das?
   ○ In England.
   ● Wo wohnen Sie?
   ○ In Essen.
   ● Und wie ist Ihre Adresse?
   ○ Essen, Fischerstraße 9.

A11

Listen and read.

What is his name?
Where does he come from?
Where is that?
What is the address?

→Ü16

③ ● Entschuldigung, wie heißt du?
   ○ Ich heiße Laura.
   ● Was? Ich heiße auch Laura!
   ○ Du auch? Und woher kommst du?
   ● Aus Italien, aus Parma. Und du?
   ○ Ich bin aus Innsbruck.
     Und wo wohnst du?
   ● Ich wohne auch in Innsbruck,
     Reichenauerstraße 8.

A12

Listen and read.

What are their names?
Woher kommen sie?
Wo wohnen sie?

A13		
Wie heißt du?	–	(Ich heiße) Maria / ... . Und du?
Woher kommst du?	–	(Ich komme/bin) aus ... .
Wo ist das?	–	(Das ist) in ... .
Wo wohnst du?	–	(Ich wohne) in ... .
Entschuldigung, wie heißen Sie?	–	(Mein Name ist) Arthur Miller / ... .
Woher kommen Sie?	–	Aus ... .
Wo wohnen Sie?	–	In ... .
Wie ist Ihre Adresse?	–	(Meine Adresse ist) ... .
A14	Das ist ... Sie/Er kommt aus ... Das ist in ... Sie/Er wohnt in ... Die Adresse ist: ...	

A13

Ask and answer the questions.

A14

Introduce your partner.

→Ü17 – Ü30

4 Aussprache

  A15

Listen and read
softly aloud.
Read out loud.

Akzent, Pause, Sprechmelodie

▷ S. 114 (C), 115 (F, G)

- ● Hallo, Anna!
- ○ Hallo, Max!
- ● Das ist Anders.
- ○ Hallo, Anders!
  Woher kommst du?
- ■ Äh …

- ● Er ist Schwede. Er spricht Schwedisch
  und Englisch. Er kommt aus Trollhättan.
- ○ Ach so.
- ● Und das ist Maria. Sie kommt aus Alicante.
- ○ Tag, Maria!
- □ Hallo, Anna!

A16

Listen and read
softly aloud.
Read out loud.

Das ist **Anders**.
Hallo, **Max**!

Das **Akzentwort** spricht man **lauter**.

Er‿ist‿Schwede.
Das‿ist‿Maria.

Kurze‿Sätze‿spricht‿man‿ohne‿Pause.

Sie kommt aus Alicante. ↘
Hallo, Maria! ↘

Die Sprechmelodie fällt am Satz‿ende. ↘

A17

Say the words.

→Ü31

Guten‿Tag! ↘

Hallo,‿Anna! ↘

Tag,‿Maria! ↘

Das‿ist‿Jenny. ↘

Das‿ist‿Anders. ↘

Alphabet und Lautschrift

  A18

Listen and read
softly aloud.

→Ü32 – Ü33

A a [aː]	F f [ɛf]	K k [kaː]	P p [peː]	U u [uː]	Z z [tsɛt]
B b [beː]	G g [geː]	L l [ɛl]	Q q [kuː]	V v [faʊ]	ß [ɛs'tsɛt]
C c [tseː]	H h [haː]	M m [ɛm]	R r [ɛr]	W w [veː]	Ä ä [ɛː]
D d [deː]	I i [iː]	N n [ɛn]	S s [ɛs]	X x [ɪks]	Ö ö [øː]
E e [eː]	J j [jɔt]	O o [oː]	T t [teː]	Y y ['ʏpsilɔn]	Ü ü [yː]

 A19

**Word-web
"German Course"**

a) Lesen Sie.
b) Hören Sie.

 A20

Word-web "Europa"

Collect the terms
and write them down.

5 Wortschatz

Aussprache üben   Grammatik üben   Dialoge spielen   vergleichen

üben   spielen   korrigieren   bewerten

mit dem Partner /
der Partnerin sprechen

Wörter lesen

sprechen   **der Deutschkurs**   lesen

fragen – antworten

Texte lesen

hören

schreiben

Dialoge hören   die Cassette hören   Texte ergänzen   Wörter notieren

6 Grammatik

Text: Referenz (1)

→Ü3

Das ist Jenny. Sie wohnt in Haarbach.

Sie spricht Deutsch und sagt „Guten Tag!"

Satz: Wortfrage und Aussagesatz

→Ü1 – Ü2,
Ü8 – Ü11,
Ü13, Ü16

Wo	wohnt	Jenny?	–	Jenny	wohnt	in Haarbach.
Welche Sprache	spricht	sie?	–	Sie	spricht	Deutsch.
Was	sagt	sie?	–	Sie	sagt	„Guten Tag!"

WORTFRAGE – AUSSAGESATZ

VERB   VERB

Verb und Subjekt

→Ü11,
Ü17 – Ü20,
Ü23 – Ü24

Wie	heiß t	du ?	–	Ich	heiß e	Maria.
Woher	komm st	du ?	–	Ich	komm e	aus Alicante.
Wie	heiß en	Sie ?	–	Ich	heiß e	Arthur Miller.
Woher	komm t	Maria ?	–	Sie	komm t	aus Alicante.

SUBJEKT   VERB: STAMM ENDUNG

Satz: Aufforderungssatz / Imperativ (1)

→Ü22 – Ü24

Hören Sie!

Sprechen Sie!

Lesen Sie!

Antworten Sie!

AUFFORDERUNGSSATZ

VERB

Eine fremde Stadt

 A1

1 Ankunft

Orientation: the place and the way

What is the woman looking for?

 A2

Where is the post office? Where is the city library? Role-play the dialog.

- ● Entschuldigung.
- ○ Ja bitte?
- ● Ich suche die City-Information.
- ○ Die City-Information? Die ist im Bahnhof.
- ● Und wo ist der Bahnhof?
- ○ Gehen Sie gleich rechts, dann links, dann geradeaus: Da ist eine Kreuzung, und rechts ist der Bahnhof.
- ● Vielen Dank.
- ○ Bitte.

Wo ist das Zimmer?

erster stock ← 1st floor
Erdgeschoss ← ground floor

 A3

Looking for a hotel

Which hotel does the lady take? How much is the room per day? Where is the hotel?

(2)

2 City-Information

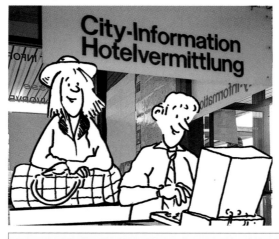

- ● Guten Abend, äh …
- ○ Guten Abend.
- ● Ich suche ein Hotelzimmer für etwa 80 Mark.
- ○ Einen Moment, bitte! …
  Da gibt es zwei Hotels: das Hotel Central, das Einzelzimmer kostet da 80 Mark; und das Hotel Lindenhof, 70 Mark.
- ● Wo liegt das Hotel Lindenhof?
- ○ Das liegt im Zentrum.
- ● Gut, das nehme ich.
  Reservieren Sie bitte ein Zimmer für mich?
- ○ Ja, gerne. Wie ist Ihr Name, bitte?
- ● Mein Name ist …

 A4

Ask and answer the questions.

→Ü1 – Ü5

A1	Entschuldigung.	– Ja, bitte?
A2	Ich suche die City-Information.	– Gehen Sie links/rechts/geradeaus.
	Entschuldigung, wo ist die Post, bitte?	– Da ist eine Kreuzung, und da ist … .
	Danke. / Vielen Dank.	– Bitte.
A3	Ich suche ein Zimmer für etwa 70 Mark.	– Da gibt es das Hotel … .
A4	Wo liegt das Hotel?	– Im Zentrum.
	Reservieren Sie bitte ein Zimmer für mich?	– Gerne. Wie ist Ihr Name, bitte?

3 Stadtplan

- Und wo liegt das Hotel genau?
○ Schauen Sie, hier, das ist ganz einfach:
  Gehen Sie die Kettwiger Straße
  Richtung Zentrum. Da ist der Markt …

4 Ankunft im Hotel

- Guten Abend!
○ Guten Abend, ja bitte?
- Äh, mein Name ist … Hlasek,
  ich habe bei Ihnen …
○ Laasek, Laasek, ja, Moment bitte!
  Laaasek? Wie schreibt man das?
- Mit **Ha** am Anfang.
○ Ach so, Haasek.
- Nein, Hlasek: Ha, **eL**, A, eS, E, Ka.
○ Ach so, mit Ha und eL: Hlasek Milena.
  Füllen Sie das bitte aus. …
  Sie haben Zimmer Nummer 12.

A5

**Orientierung:
Ort und Weg**

Wo ist der Haupt-
bahnhof (Hbf)?
Wo ist die
Kettwigerstraße?
Und der
Kennedyplatz?

A6

Find the way from
the main train
station to the hotel.
Is it far?

→Ü6

A7

You are in the train
station.
Wo ist das Münster?
Wo ist die
Ottilienstraße?

A8

Registration
Wie heißt die Frau?
Wie schreibt man
den Namen?

→Ü7

A5	Wo ist das genau?	– Gehen Sie die …straße Richtung Zentrum,
A6	Wo liegt das genau?	dann links/rechts. Da ist … .
A7	Ist das (sehr) weit?	– Ja/Nein, zu Fuß etwa … Minuten.

A8	Guten Abend!	– Guten Abend!
	Mein Name ist …	– Wie schreibt man das?
		Buchstabieren Sie bitte!

2

A9
Ordering

What would Milena like?
Was möchte Beatrix?

5 Im Café

Milena hat in Essen eine Freundin: Beatrix van Eunen. Sie ist Holländerin.
Jetzt sitzen sie im Café. Sie studieren die Karte und bestellen …

KLEINE KARTE	
HEISSE GETRÄNKE	
Tee (mit Zitrone/Milch)	3.90
Kaffee	3.90
Espresso	4.50
Cappuccino	4.90
KALTE GETRÄNKE	
Mineralwasser	3.50
Apfelsaft	4.00
Cola	3.50
Limonade	3.50
KUCHEN	
Apfelkuchen	4.50
Käsekuchen	4.50
Nusstorte	5.50
Sachertorte	6.00
KLEINE SPEISEN	
Salat-Sandwich	7.50
Käse-Sandwich	8.50
Salami-Sandwich	8.50
Schinken-Sandwich	9.50
Mini-Pizza	7.00

● Guten Tag, was möchten Sie?
○ Tee, bitte!
● Mit Zitrone?
○ Ja, gerne.
■ Und ich nehme … äh … ein Mineralwasser und ein Sandwich, bitte!

● Mit Käse, mit Salat, mit Sa …?
■ Mit Käse, bitte.
● Ja, gerne.

○ Ich habe auch Hunger. Ich nehme auch ein Sandwich, mit Salat, bitte.

● Also, zwei Sandwich, einmal mit Salat und einmal mit Käse, einen Tee und ein Mineralwasser.

A10

Role-play the dialog.
Make variations in the dialog.

→Ü8 – Ü11

A9	Was möchte Milena? Und (was möchte) Beatrix?	– Tee mit Zitrone/Cola/Mineralwasser. – (Sie möchte) einen Tee/Kaffee/Espresso/Cappuccino/Apfelsaft/Kuchen. Eine Limonade/Cola/Pizza/Torte. Ein Sandwich/Mineralwasser.
A10	Ja bitte?/Was möchten Sie? Und was nimmst du? Möchten Sie Tee oder Kaffee?	– Kaffee/Cola/Mineralwasser, bitte! – Einen Apfelkuchen. / Eine Pizza. / Ein Sandwich. – Einen Kaffee, bitte!

14 • vierzehn

6 Ein Tag in Essen

Milena und Beatrix machen Pläne für einen Tag in Essen. Sie lesen Prospekte und überlegen. Es gibt viele Möglichkeiten. Beatrix möchte ins Museum Folkwang. Da ist eine Ausstellung: „Vincent van Gogh". Milena möchte zuerst in die Stadt: das Münster, die Alte Synagoge, das Aalto-Theater, die Gruga-Halle. Alles ist interessant; und es gibt auch eine Stadtrundfahrt!

„Ach, komm doch mit!", sagt Milena. „Zuerst in die Stadt – und dann gehen wir zusammen zu Vincent van Gogh." – „O.K.", sagt Beatrix.

① **Aalto-Theater**
Opernhaus von 1988: Oper, Musical, Ballett. Bus ab Hauptbahnhof.

② **Gruga-Halle**
Für 10 000 Menschen: Sport, Shows, Konzerte. U-Bahn ab Hauptbahnhof.

③ **Münster**
Hauptkirche von Essen, sehr alt (erbaut 1307).

④ **Alte Synagoge**
1913 erbaut, 1938 von den Nazis zerstört. Jetzt Museum.

A11

Making plans
What are Milena and Beatrix doing?
→Ü12

A12

What would they like to do in Essen?
→Ü13 – Ü19

A13

Presenting a city
Collect and write down: What is well-known in your city?

A11	Was machen Milena und Beatrix?	– (Sie machen) eine Stadtrundfahrt.
	Wohin gehen sie?	– (Sie gehen) ins Museum.
A12	Was machen wir?	– Ich möchte ins Museum/Kino.
	Wohin gehen wir?	– Ins Münster/Theater.
	Wohin möchtest du?	– In die Alte Synagoge.
	Was machen wir am Abend?	– Ich weiß nicht.
	Gehen wir ins Kino/Theater?	– O ja, gerne. / Nein, lieber in die Gruga-Halle.
A13	Was ist bekannt/interessant in ...?	– In ... ist der/die/das ... sehr bekannt.
	Was gibt es in ...?	– In meiner Stadt gibt es ... .

Museum · meine Stadt · Kirche

7 Aussprache

 A14

a) Read along half out loud.
b) Knock on your desk to the rhythm:
● loudly, • softly.

→Ü20

Rhythmus

▷ S. 114 (C)

Bahn – hof   am Bahn – hof   im Zug   die Stra – ßen – bahn

der Stadt – plan   Rich – tung Zen – trum   bis zum Markt   Ho – tel

An – kunft im Ho – tel   gu – ten A – bend   Zim – mer 6   dan – ke

 A15

Speaking melody

Read the dialog out loud.

→Ü21

Akzent und Sprechmelodie   ▷ S. 115 (G)

● Entschuldigung, ist das der Bus ins Zentrum?
○ Nein. Wohin möchten Sie denn?
● In die City-Information im Rathaus.
○ Im Rathaus?
● Ja.
○ Dann nehmen Sie den Bus Nummer 3.
● Danke.

Fragen

Was kostet das?

80 Mark?

Wo wohnen Sie?

In Essen?

Nimmst du den Bus?

Wie bitte?

Was möchten Sie?

Tee?

Möchten Sie Kaffee?

A16

Accent and melody

Listen and repeat.

WORTFRAGE:
Wie heißen Sie?

SATZFRAGE:
Heißen Sie Müller?

AUSSAGE:
Ich heiße Anna Müller.

RÜCKFRAGE:
Anna Müller?

Die Akzentsilbe spricht man etwas **höher.**

Die Akzentsilbe spricht man etwas **tiefer.**

Die Sprechmelodie **fällt.**

Die Sprechmelodie **steigt.**

A17

Questions

a) Read the questions to the right out loud.
b) Read the text A15 out loud.

→Ü22

 A18

Word-map "City Map"

a) Which words can you find on the city map?
b) Where is the train station?
In der …straße. /
Am …platz.

8 Wortschatz

der Bahnhof
das Hotel
das Museum
die Kirche
das Kino
das Theater
die Post
die City-Info

(da)   (da)
hinten   vorne

A19

Orientation

a) What is the woman looking for?
b) What is the man looking for?

links   rechts

9 Grammatik

Verb: Präsens

→Ü3 – Ü5, Ü10

	suchen	arbeiten	nehmen	haben	**sein**	**möch t–**
ich	such **e**	arbeit **e**	nehm **e**	hab **e**	**bin**	**möch t e**
du	such **st**	⚠ arbeit **est**	⚠ n **i** mm **st**	⚠ **ha** st	**bist**	**möch t est**
Sie	such **en**	arbeit **en**	nehm **en**	hab **en**	**sind**	**möch t en**
er es sie }	such **t**	⚠ arbeit **et**	⚠ n **i** mm **t**	⚠ **ha** t	**ist**	**möch t e**
wir	such **en**	arbeit **en**	nehm **en**	hab **en**	**sind**	**möch t en**
ihr	such **t**	⚠ arbeit **et**	nehm **t**	hab **t**	**seid**	**möch t et**
Sie	such **en**	arbeit **en**	nehm **en**	hab **en**	**sind**	**möch t en**
sie	such **en**	arbeit **en**	nehm **en**	hab **en**	**sind**	**möch t en**
PERSONAL-PRONOMEN	VERB: STAMM ENDUNG				⚠	⚠

Satz: Satzfrage (positiv)

→Ü15 – Ü18

(Möchtest) du ins Museum? – Ja.
– Nein (, lieber in die Stadt).
(Gehen) wir ins Theater? – Ja.
– Nein (, lieber ins Kino).
(Ist) das weit? – Ja.
– Nein (, nur fünf Minuten zu Fuß).

SATZFRAGE ➕
(VERB)

Ja.	➕
Nein.	➖

Satzfrage (negativ)

→Ü15 – Ü18

(Möchtest) du | nicht | ins Museum? – | Doch! |
– Nein (, lieber in die Stadt).
(Gehen) wir | nicht | ins Theater? – | Doch! |
– Nein (, lieber ins Kino).
(Ist) das | nicht | sehr weit? – | Doch! |
– Nein (, nur fünf Minuten zu Fuß).

SATZFRAGE ➖
(VERB)

Doch!	➕
Nein.	➖

Musik: die „Young Gods"

 A1

Information about place and time

Wo spielen die „Young Gods" im Januar, im Februar, im …?

1 Die Welttournee

On the Road …
Die „Young Gods" sind immer auf Tournee.
Ende Januar beginnen die Konzerte in der Schweiz. Im Februar gehen die „Young Gods" nach England, zwei Wochen lang: Konzert, Konzert, Konzert.
Im März Deutschland, dann Frankreich.
Und im April gehen sie nach Amerika.
Sieben Wochen sind die „Young Gods" da.
Und weiter geht die Tour, immer weiter: Asien, Australien und zurück nach Europa.
Woche für Woche, Monat für Monat:
Die „Young Gods" on the road.

 A2

a) Hören Sie ein Interview:
Wo spielen die „Young Gods" im April?
Wann sind sie in Japan?
b) Hören Sie und sprechen Sie nach.

→Ü1 – Ü2

	1	2	3	4	5	6	7	8	9	10	11	12	13	14	15	16	17	18	19	20	21	22	23	24	25	26	27	28	29	30	31
Januar																								CH: Club-Tour							
Februar					GB																			NL							
März		D													F																
April	Amerika																														
Mai	Amerika																					Australien									
Juni	(Aus)					Japan											GB,					D, CH: Open Airs									
Juli				GB,				D, CH: Open Airs																							
August				GB,						D,				CH											S, FIN, N						
September						A,				H,				CZ,				PL													
Oktober			E,		P																										
November																															
Dezember																															

 A3

Numbers

a) Hören Sie und sprechen Sie nach.
b) Hören Sie das Interview von A2 noch einmal:
Wie lange spielen die „Young Gods" in Deutschland?
Wie lange sind sie in Amerika?

0 null	1 eins	6 sechs	11 **elf**	16 **sechzehn**
	2 zwei	7 sieben	12 **zwölf**	17 **siebzehn**
	3 drei	8 acht	13 dreizehn	18 achtzehn
	4 vier	9 neun	14 vierzehn	19 neunzehn
	5 fünf	10 zehn	15 fünfzehn	20 **zwanzig**

A1	Wo spielen die „Young Gods" im …?	– In der Schweiz. / In England.
A2	Wann sind die „Young Gods" in …?	– Im März.

A3	Wie lange sind sie in Deutschland?	– Zehn Tage. / Etwa zwei Wochen.
	Wie lange spielen sie in Amerika?	– Sieben Wochen. / Etwa zwei Monate.

2 Die Musiker

Franz (30) kommt aus Genf, Alain (33) ist aus Fribourg, Urs (27) aus Zürich. Sie sprechen
Schweizerdeutsch, Deutsch und Französisch.
Sie heißen „The Young Gods" und machen Musik, Rock-Musik. Franz ist Sänger, Alain spielt
Sampler, Urs spielt Schlagzeug. Sie sind bekannt. Sie reisen, sie sind oft unterwegs und haben
nie Zeit. Der Terminkalender ist immer voll.

Franz

Urs

Alain

21 einundzwanzig	26 sechsundzwanzig	40 vierzig	90 neunzig
22 zweiundzwanzig	27 siebenundzwanzig	50 fünfzig	100 (ein)hundert
23 dreiundzwanzig	28 achtundzwanzig	60 **sechzig**	200 zweihundert
24 vierundzwanzig	29 neunundzwanzig	70 **siebzig**	
25 fünfundzwanzig	30 **dreißig**	80 achtzig	1000 (ein)tausend

A6 Wer sind die „Young Gods"?	– Das sind drei Rock-Musiker.
Woher kommen sie?	– (Sie kommen) aus der Schweiz.
Was machen sie?	– (Sie machen) eine Welttournee.
Wie alt ist er/sie?	– Er/Sie ist dreißig (Jahre alt).
Was macht er?	– Er macht Musik. / Er ist Sänger.

A4

Information about people

Wer ist das?
Wer sind die „Young Gods"?

Name	Fra
Stadt	
Alter	
Instrument	
Beruf	
Mutter-Sprache	

A5

Compare the text with your notes. Fill-in the missing information.

→Ü3

A6

Fragen Sie und antworten Sie:
Wer ist das?
Wie alt ist er?
...

→Ü4 – Ü6

A7

Understanding numbers

Which numbers do you hear?

→Ü7 – Ü14

3 Sampling: Zahlen und Musik

On the screen:
1 2 3 4
5 6 7 8
11 12 13 14
15 16 17 18

 A8

Expressing likes an dislikes

Which music does Christian like? Mario and Viktoria? Which do they not like?

a) Interview ①: Read along.

b) Interview ②: Compare the interviews.

4 Das Konzert

①

Christian, wie findest du das Konzert? ● ○	Spitze, sehr gut.
Und die Musik? ● ○	Die Musik ist super!
Welche Musik hörst du gern? ● ○	Rock-Musik natürlich.
Was hast du nicht so gern? ● ○	Jazz.
Wie alt bist du? ● ○	Zweiundzwanzig.
Vielen Dank, Christian. ● ○	Bitte.

Christian

②

Mario ist aus Innsbruck. Er ist 27 Jahre alt. Er mag die „Young Gods". Er findet die Musik gut. Aber das Konzert ist sehr laut. Er hört gern Musik. Und er spielt Klavier in einer Jazz-Band. Die Band spielt auch Volksmusik aus Italien.

Mario

c) Interview ③: Read the notes.

③

Viktoria:
- Konzert nicht schlecht
- Sampling +
- Klassik und Volksmusik + /Blues+++
- Alter: 17

Viktoria

 A9

Talking about music

Machen Sie ein Interview mit Ihrem Partner / Ihrer Partnerin.

→Ü15 – Ü16

A8 **A9**	
Wie findest du die Musik?	– Ich finde die Musik (sehr) gut. Super!/Spitze!/Toll!
Welche Musik findest du (nicht) gut?	– Klassik.
Welche Musik hörst du (nicht) gern?	– Volksmusik.
Magst du Rock-Musik?	– Ja./Nein.
Wie finden Sie das Konzert?	– Nicht schlecht. / Es geht. / Sehr laut. / Nicht so gut. / Schlecht.
Haben Sie Jazz gern?	– Nein, (Jazz habe ich nicht so gern).
Welche Musik hören Sie (nicht) gern?	– Marschmusik höre ich (nicht) gern.

5 Der Zeitungsbericht

INNSBRUCKER STADTBLATT
20. September

„The Young Gods" im Utopia. Sie mixen Mozart, Kurt Weill und Pink Floyd: explosive Musik von heute.

„Götter" im Utopia

(ml) „The Young Gods" – das ist eine Band aus der Schweiz. Franz Treichler, 30, kommt aus Genf, Alain Monod, 33, aus Fribourg und Urs Hiestand, 27, aus Zürich. Sie spielen seit zehn Jahren zusammen. Urs spielt Schlagzeug, Alain spielt Sampler, und Franz singt – auf Deutsch, Französisch und Englisch.
Sie sind auf Europa-Tournee. Heute im „Utopia" in Innsbruck, morgen schon in Prag. Und dann geht es weiter nach Polen, Spanien, Portugal. „Ich bin wie ein Ballon", sagt Franz, „immer unterwegs – on the road."
Das Konzert dauert drei Stunden. In der Pause frage ich Besucher: „Wie findet ihr die Musik?" – „Toll!" höre ich und „Super!" und „Spitze!", aber auch „Zu laut!"
Nach dem Konzert treffe ich die „Young Gods". Sie haben wenig Zeit. Ich stelle nur eine Frage: „Seid ihr zufrieden?" Und sie antworten: „Nein, wir sind nicht ganz zufrieden; das Konzert hatte zu wenig Magic." Und weg sind sie.

„Young Gods" ⟷ Schweiz
Franz Treichler, 30: Sänger
Alain Monod, 33: Sampler
Urs Hiestand, 27: Schlagzeug

Frage: zufrieden?
Antwort: „Nicht ganz. Zu wenig Magic!"

Europa-Tournee:
Innsbruck → Prag → Polen → Spanien → Portugal:
„on the road".
Konzert:
3 Stunden
Besucher: „Toll!" – Super! – „Zu laut."

THE YOUNG GODS
EINTRITT 14
Datum: 19/09/   Beginn: 20:30 Uhr
BANK AUSTRIA --- AUSTRIA CLUB
Tschamlerstr. 3 / Innsbruck / Tel.: 0512 / 58
Karte-Nr.   53

WER?	„The Young Gods" – Franz – ...	= PERSON(EN)
WAS?	eine Band – spielen zusammen – ...	= HANDLUNG
WANN?	Heute – ...	= ZEIT
WO?	im „Utopia" in Innsbruck – ...	= ORT (STADT, LAND)
WIE?	Besucher: „Toll!" – ... Urs: „nicht ganz zufrieden" – ...	= GEFALLEN/MISSFALLEN

A10

Informationen in Texten

Lesen Sie die Notizen und den Zeitungstext. Ordnen Sie die Notizen zu.

→Ü17 – Ü18

7

A11

Read the newspaper text.

Find the answers to the questions: Wer? Was? Wann? Wo? Wie?

8

→Ü19

A12

Fragen und antworten Sie.

A13

Expressing opinions

Und wie finden *Sie* die Musik der „Young Gods"?

→Ü20 – Ü23

6 Aussprache

▷ S. 112

Vokale

A14

Hören Sie.

A15

Sprechen Sie
die Ausrufe.
→Ü24 – Ü25

A16

Lesen Sie halblaut
mit. Achten Sie auf
den Akzentvokal:
＿ lang oder ．kurz.

Lange und kurze Vokale

▷ S. 113 (A)

VOKALE		
lang:	**kurz:**	
Basel [ɑː]	[a]	Halle
Wien [iː]	[ɪ]	Finnland
Jena [eː]	[ɛ]	Bern
Rom [oː]	[ɔ]	Bonn
Budapest [uː]	[ʊ]	Stuttgart
Zürich [yː]	[ʏ]	München
Österreich [øː]	[œ]	Köln

A17

Sprechen Sie
die Termine.

→Ü26 – Ü27

TERMINE		
im April	➡	in Dresden
im Juni	➡	in Jena
im Juli	➡	in Halle
im August	➡	in Frankfurt
im September	➡	in Wien
im Oktober	➡	in Graz
im November	➡	in Zürich

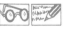

A18

7 Wortschatz

Mind-map: "Musik"

a) Which questions
belong to
parts ①–④?
Wer macht Musik?
Was machen
Musiker?
Was macht eine
Band?
Welche Musikstile
gibt es?
Wie ist die Musik?
b) Draw your own
mind-map.

8 Grammatik

Artikel-Wörter und Substantiv (1): Nominativ und Akkusativ

→Ü20 – Ü22

Unbestimmer Artikel:	Bestimmter Artikel:

Das ist **ein** Zeitungstext.

VERB — NOMINATIV

Wir lesen **einen** Zeitungstext.

VERB — AKKUSATIV

Der Zeitungstext informiert über die „Young Gods".

Lesen Sie **den** Text laut.

Das ist **ein** Interview.

Max Lemper macht **ein** Interview.

Das Interview dauert zwei Minuten.

Wir lesen **das** Interview in der Zeitung.

Das ist **eine** Band.

Wir hören jetzt **eine** Rock-Band.

Die Band macht Rock-Musik.

Wie finden Sie **die** Band?

UNBESTIMMTER ARTIKEL (ein, ein, eine):
unbekannt oder neu im Text

BESTIMMTER ARTIKEL (der, das, die):
bekannt oder nicht neu im Text

SINGULAR	MASKULIN	NEUTRUM	FEMININ
NOMINATIV	**der/ein** Text	**das/ein** Interview	**die/eine** Band
AKKUSATIV	**den/einen** Text	**das/ein** Interview	**die/eine** Band

VERBEN — mit — AKKUSATIV : finden, machen, haben, singen, spielen, hören, sprechen, lesen, schreiben

→Ü23

Null-Artikel

Die Young Gods machen ☐ Musik. Alain spielt ☐ Sampler, Urs spielt ☐ Schlagzeug.
Sie haben nie ☐ Zeit.
Christian hört gern ☐ Rock-Musik, aber ☐ Jazz gefällt ihm nicht.
Mario spielt ☐ Klavier in einer Jazz-Band; die Band spielt auch ☐ Volksmusik.

⚠ ☐ Musik machen/spielen/hören   ☐ Klavier/☐ Schlagzeug spielen   ☐ Zeit haben

Zeit – Tagesablauf

 A1

Time of day: time and greetings / leave taking

a) What time is it? How late is it?
b) How are the people doing?

→Ü1

A2

a) When does one say "Guten Morgen"? When does one say "Gute(n) …"?
b) What are the customs in English?

1 Wie spät ist es?

 A3

Fragen und antworten Sie.

→Ü2 – Ü6

	OFFIZIELL	INOFFIZIELL
7.00/19.00	sieben/neunzehn Uhr	sieben (Uhr)
7.05/19.05	sieben/neunzehn Uhr fünf	fünf nach sieben
7.15/19.15	sieben/neunzehn Uhr fünfzehn	Viertel nach sieben
7.30/19.30	sieben/neunzehn Uhr dreißig	halb acht
7.45/19.45	sieben/neunzehn Uhr fünfundvierzig	Viertel vor acht
7.55/19.55	sieben/neunzehn Uhr fünfundfünfzig	fünf vor acht
	die Uhr: die Stunde – die Minute – die Sekunde	

A1 Wann ist das? – Am Morgen/Nachmittag/Abend.
A2 Wann sagt man „Guten Tag"? – Am Vormittag und am Nachmittag.
A3 Etwa zwischen neun und achtzehn Uhr.

Wie spät ist es (jetzt)? – Jetzt ist es … (genau) sechs (Uhr).

Viertel vor (sieben)   Viertel nach (sechs)

halb (sieben)

Guten Morgen. Wie geht es Ihnen/dir? – Danke, gut. / Es geht. / Schlecht.
Wie geht's (dir/euch)? Und Ihnen/dir?

2 Am Morgen ... am Mittag ... am Abend

A4

Describing the daily routine

What does Brigitte Bauer do and when?

A5

What is happening? What do you hear?

Um 6 Uhr 30 klingelt der Wecker. Brigitte Bauer steht nicht gern auf. Sie bleibt noch einen Moment liegen – fünf, sechs Minuten. Dann steht sie langsam auf. Zuerst duscht sie, und etwa um sieben Uhr frühstückt sie. Um 7 Uhr 15 geht sie los; der Bus fährt genau um 7 Uhr 21 ab.

Um 7 Uhr 34 kommt der Bus im Stadtzentrum an. Da steigt Brigitte Bauer aus und geht zu Fuß weiter. Zehn Minuten später, etwa um 7 Uhr 45, kommt sie im Büro an. Dort schaut sie erst einmal den Terminkalender an und plant den Arbeitstag.

A6

Was macht Max Lemper wann?

A7

Vergleichen Sie den Tagesablauf von Brigitte Bauer und Max Lemper. Wer steht wann auf? Wann beginnt die Arbeit?

→Ü7 – Ü10

Max Lemper erzählt: „Normalerweise stehe ich etwa um zehn Uhr auf. Dann frühstücke ich eine Stunde und lese Zeitung. So um ein Uhr gehe ich ins Büro. Dort arbeite ich etwa drei Stunden: Ich schreibe Texte und telefoniere. Um vier Uhr haben wir Redaktionskonferenz. Da diskutieren wir die Themen und Artikel: Kultur, Sport, Politik ...

Um sechs oder halb sieben treffe ich Freunde im Café; wir trinken ein Bier oder ein Glas Wein und erzählen.
Abends arbeite ich oft: Ich gehe ins Theater oder in ein Konzert. Etwa um Mitternacht komme ich nach Hause. Spät in der Nacht schreibe ich dann noch den Zeitungsbericht."

A8

First write down your daily routine. Then ask you partner about hers/his.

A7	Wann klingelt der Wecker?	– Um 6 Uhr 30.
A8	Wann stehst du auf?	– Etwas später. / Fünf Minuten später.
	Wann frühstückst du?	– Etwa um sieben Uhr.
	Wann gehst du los/weg?	– Um Viertel nach sieben.
	Wann fährt der Bus ab?	– Der fährt um 7 Uhr 21 ab.
	Und wann beginnt die Arbeit?	– Um Viertel vor acht.
	Wie lange arbeitest du?	– Sieben bis acht Stunden am Tag.
	Und wann kommst du zurück?	– (So) um vier, halb fünf.
	Und wann stehen *Sie* auf?	– ...

• aufstehen
• duschen
• Frühstück
• Bus/Auto
• Büro/Schule

3 Im Büro

Days of the week – the date – appointments

a) Was macht Brigitte Bauer am Dienstag von 10 bis 12 Uhr?
b) Wann ist der Termin mit Herrn Dietrich?
c) Warum sagt Brigitte B. am Telefon: „Nein, Herr Dietrich! – Moment, sind Sie noch da?"

→Ü11 – Ü14

⏱	3. Montag	4. Dienstag	5. Mittwoch	6. Donnerstag	7. Freitag	8. Samstag	9. Sonntag
08	Krug		Projekt MEDIA	Projekt MEDIA:	Projekt CODA:		
09	Zink	Seminar		Präsen-tation	Planung		
10				vorbereiten		Yoga!	
11		Dietrich ARZT!					
12	Essen! ♥		Tennis	Essen m. Marianne	Tennis		
13							
14	Besprech. Dr. Meier		MEDIA		CODA		
15		Projekt MEDIA		MEDIA: Präsen-tation			
16							
17			frei!		frei!		
18							
19			Kino	♥	Max		

(Korrespondenz — written vertically in Montag column, rows 14–19)

● Dietrich.

Hallo, Herr Dietrich. Hier ist Brigitte Bauer, ○
Contact AG.
Herr Dietrich, der Termin
am Dienstagvormittag passt leider nicht.

● Moment bitte! –
Oh, das ist schlecht! Ich habe schon viele
Termine die Woche.

Wie ist es am Mittwoch, den fünften März? ○

● Am fünften ist alles voll.

Und am Montag, den Dritten? ○

● Ja, da geht's. Am Nachmittag,
um 17 Uhr 30?

Oh, das ist gut. Vielen Dank! ○

● Also, am Dienstag, um 17 Uhr 30.
Auf Wiederhören, Frau Bauer.

Nein, Herr Dietrich! ○
– Moment, sind Sie noch da? …

● …

Role-play:
a) Write down appointments you have.

⏱	10. Mo	11. Di	12. Mi	13. Do
09				
10				
11				

b) Call up your partner. Set up a time for: Konzert, Sport, Essen, Kino, studying German …

1. der **erste**	6. der sechs**te**	11. der elf**te**	20. zwanzig**ste**
2. der zwei**te**	7. der **siebte**	12. der zwölf**te**	21. der einundzwanzig**ste**
3. der **dritte**	8. der **achte**	13. der dreizehn**te**	⋮
4. der vier**te**	9. der neun**te**	16. der **sechzehnte**	30. der dreißig**ste**
5. der fünf**te**	10. der zehn**te**	17. der **siebzehnte**	31. der einunddreißig**ste**

Tag und Monat: Wann? – **Am** 11. März / 11. 3. = **Am** elf**ten** März / elf**ten** Drit**ten**.
Jahr: Wann? – 1998. = (**Im Jahre**) neunzehnhundertachtundneunzig.

A9	Dietrich.	– Hallo, hier (ist/spricht) …
A10	Moment bitte!	– Sind Sie noch da?
	Auf Wiederhören!	– Wiederhören!
	Der Termin … passt (leider nicht).	– Das ist gut/schlecht.
	Wie ist es am zehnten März?	– Da ist alles voll.
	Und (geht es) am Dienstag, den elften?	– Ja, da geht's, am Nachmittag, um 17 Uhr 30.

4 Arbeit und Freizeit

Brigitte Bauer arbeitet die ganze Woche, von Montag bis Freitag. Am Vormittag und am Nachmittag hat sie viele Termine. Sie diskutiert und telefoniert, sie schreibt Briefe und Protokolle.

Mittags macht Brigitte zwei Stunden Pause. Sie geht etwas essen; und manchmal spielt sie eine Stunde Tennis, von 12 Uhr 15 bis 13 Uhr 15.

Etwa um halb sechs kauft sie ein und geht dann zu Fuß nach Hause. Am Abend geht sie manchmal ins Kino oder ins Konzert. Oft ist sie auch allein zu Hause; dann liest sie, sieht fern oder ruft Freunde an …

● Lemper.
○ Hallo, Max! Hier ist Brigitte …
● …
○ …

Am Wochenende hat Brigitte viel Zeit. Sie trifft Freunde und Bekannte; sie macht Ausflüge, geht wandern oder zelten, schwimmen oder segeln. Abends spielt sie

Billard, kocht oder isst im Restaurant, schreibt Briefe …
Und am Morgen schläft sie ganz lange. Da klingelt kein Wecker!

W O C H E	MO Montag	DI Dienstag	MI Mittwoch	DO Donnerstag	FR Freitag	SA Samstag	SO Sonntag
						das Wochenende	

A12	Du, Max, ich koche Spaghetti. Kommst du auch?	–	Ja, gern. / Das geht leider nicht … .
A14	Wann arbeitest du?	–	Von Montag bis Freitag.
	Machst du nie Pause?	–	Doch, mittags von 12 Uhr 30 bis 13 Uhr 30.
	Was machst du am Abend?	–	Ich koche, gehe ins Kino, lese Zeitung … .

A11

Wochenplan

Wann hat Brigitte Bauer diese Woche Zeit?

(11)

A12

Inviting someone

Wen ruft Brigitte Bauer an?
Was sagt sie?

A13

Leisure Time

a) Was macht Brigitte Bauer am Wochenende? Sammeln Sie.
b) Was machen *Sie* am Wochenende?

→Ü15 – Ü19

(12)

A14

Make up a weekly plan.
Ask your partner about his/her activities.

→Ü20 – Ü26

5 Aussprache

A15

Vokale: a, ä, e, i

a) Lesen Sie halblaut mit.

[i:] Kino, viel, (er) sieht, ihr

sieben/Musik

b) Sprechen Sie die Beispiele.
→Ü27 – Ü30

[ɪ] —— trinken

mittags/Schinken

[e:] lesen, Tee, sehr

lesen/Lehrer

[ɛ] Fest, Männer

Bett/Heft

[ɛ:] Käse, zählen

Käse/erzählt

▷ S. 113 (A)

[a:] Name, Staat, Zahl

Abend/schlafen

[a] —— Stadt

ganz/lange

A16

Sprechmelodie

Lesen Sie halblaut mit. Achten Sie auf die Sprechmelodie.

▷ S. 115 (G)

Manchmal ist der Sonntag ein Fest!

Es ist Sonntag, der Wecker klingelt nicht, und ich schlafe ganz lange.
Mittags stehe ich dann kurz auf und mache Frühstück. Es gibt alles:
Toast, Schinken, Salami, Käse, ein Ei, Marmelade, und viel, viel Kaffee!!
Dann frühstücke ich im Bett, lese Zeitung und höre Musik.
So fängt der Sonntag gut an!

A17

a) Lesen Sie halblaut mit.

Es ist Sonntag, der Wecker klingelt nicht.

Es gibt Käse, Schinken, Tomaten und ein Ei.　　Im Satz bleibt die **Sprechmelodie gleich.**

Sie liest die Zeitung, ein Buch oder hört Musik.

b) Sprechen Sie den Text von A16.

Es ist Sonntag, der Wecker klingelt nicht, und ich schlafe ganz lange. ▼ ...

A18

6 Wortschatz

Wort-Pfeil "Tagesablauf"

a) Was machen Sie auch am Sonntag, was nicht? Ergänzen Sie. Vergleichen Sie.
b) Wie ist Ihr "Traum-Tag"? Notieren Sie rund um eine Uhr.

aufstehen · duschen · das Frühstück machen · frühstücken · losgehen · den Bus nehmen · ins Büro gehen · arbeiten · Pause machen · einkaufen · nach Hause gehen · zu Hause sein · essen · etwas trinken gehen · ins Kino gehen · in ein Konzert gehen · schlafen gehen

6 Uhr 45 ──────────────────────────── **23 Uhr 15**

7 Grammatik

Trennbare Verben: Satzklammer

→Ü8 – Ü10,
Ü22 – Ü23

auf stehen		Wann	steht	Brigitte		auf ?
ab fahren		Steht	sie	gerne	auf ?
		Nein, sie	steht		nicht gerne	auf .
ab fahren		Wann	fährt	der Bus		ab ?
		Fährt	er	um 7 Uhr 30	ab ?
		Nein, er	fährt		um 7 Uhr 21	ab .
vor stellen			Stellen	Sie	Ihren Partner	vor !
PRÄFIX VERB			VERB			PRÄFIX

| PRÄFIX: betont | SATZKLAMMER |

Artikel-Wörter und Substantiv (2): Singular und Plural

→Ü24 – Ü26

SINGULAR	PLURAL		SINGULAR	PLURAL
der/ein Tag	die/— Tag e		das/ein Land	die/— L ä nd er
der/ein Brief	die/— Brief e		das/ein Haus	die/— H äu s er
das/ein Jahr	die/— Jahr e			
die/eine Stadt ⚠	die/— Städt e			
1 der/ein das/ein	die/— -e		**3** das/ein	die/— ¨-er

die/eine Sprache	die/— Sprache n		der/ein Sänger	die/— Sänger ☐
die/eine Stunde	die/— Stunde n		das/ein Zimmer	die/— Zimmer ☐
die/eine Reise	die/— Reise n		der/ein Morgen	die/— Morgen ☐
			das/ein Zeichen	die/— Zeichen ☐
der/ein Name ⚠	die/— Name n		der/ein Artikel	die/— Artikel ☐
2a die/eine -e am Wortende	die/— -n		**4** -er der/ein -en das/ein -el	die/— ☐

die/eine Zahl	die/— Zahl en		der/ein Ballon	die/— Ballon s
die/eine Zeitung	die/— Zeitung en		das/ein Hotel	die/— Hotel s
			die/eine Band	die/— Band s
der/ein Mensch ⚠	die/— Mensch en			
2b die/eine **Konsonant** am Wortende	die/— -en		**5** Fremdwort (englisch, französisch)	die/— -s

Deutsch lernen

 A1 **1 Der Sprachkurs**

Talking about learning German

a) Wie heißen die Personen? Woher kommen sie?
b) Lesen Sie die sechs Kurztexte: Was denken die vier über das Deutsch-Lernen?
c) Was denken *Sie*?

→Ü1 – Ü2

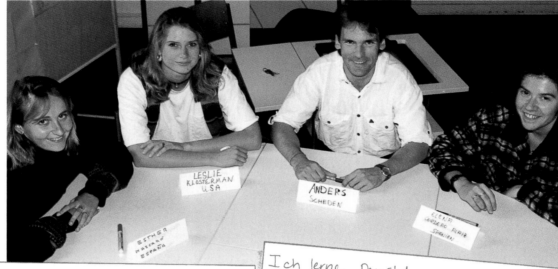

- Ein guter Unterricht hat viele Spiele und o interessante Dialoge.

Ich denke die Deutsche Präpisitionen sind sehr schwer. Das Deutsch "r" ist auch so nicht leicht zu sprechen.

Eine guttes Lehrbuch ist mit Bilder und nicht zu langen Texten

Ich lerne Deutsch im Radio und im Fernseher. Ich spreche auch mit Deutsch Leuten.

Ich sehe Fern und versuche die Zeitung lessen

Ich denke guter unterricht ist in klen gruppen sprechen über intressanter Tem.

 A2

a) Warum lernen die vier Deutsch?
b) Und warum lernen *Sie* Deutsch?

→Ü3

Esther, Leslie, Anders und Elena machen einen Sprachkurs am Goethe-Institut in Bremen. Sie lernen seit zwei Monaten Deutsch. Esther und Elena kommen aus Spanien, Leslie kommt aus Texas/USA und Anders aus Trollhättan in Schweden. Leslies Mutter ist Deutsche, und Leslie möchte gerne mit ihr Deutsch sprechen. Anders braucht Deutsch für seinen Beruf. Esther denkt, Deutsch ist gut für ihre Zukunft.

Und Elena meint, es ist heute sehr wichtig, Fremdsprachen zu lernen.
Und wie lernen die vier Deutsch? – Natürlich im Sprachkurs, jeden Tag vier Stunden. Und außerdem: Anders liest deutsche Zeitungen und spricht viel mit Deutschen; Leslie lernt Deutsch beim Radio-hören und Fernsehen; Elena versucht auch, Zeitung zu lesen; und Esther hört auch viel Radio.

A3

Ein Interview mit Leslie, Anders, Esther und Elena:
a) Whom do you understand the best?
b) How are the four learning German?

→Ü4

A1	Was denken Sie über die deutsche Sprache / das Lernen / den Unterricht / die Lehrbücher …?	– Ich denke/meine/finde: Deutsch ist schwer / nicht so schwer / leicht. Ich lerne (nicht) gerne … . Ein gutes Lehrbuch hat … .
A2	Warum lernt Leslie/… Deutsch?	– Sie möchte gerne … . Er braucht Deutsch für … .
A3	Wie lernt Leslie/… Deutsch?	– Sie hört Radio / sieht fern / liest … .

2 Die Mediothek

Sie können mit Cassetten, Videos, Computer-
programmen, Büchern, Zeitungen,
Zeitschriften und speziellen
Arbeitsblättern mit Lösungen
(Grammatik, Hören, Lesen,
Schreiben, Diktat ...) noch mehr
Deutsch lernen.

Sie können Hilfe beim Lernen bekommen.

Sie können Bücher für 14 Tage,
Cassetten für 7 Tage ausleihen.

Sie müssen Ihren Goethe-Ausweis mitbringen.

① Sofort nach dem Unterricht, um 13 Uhr,
beginnt der Betrieb in der Mediothek:
Studenten kommen, bringen Bücher und
Cassetten zurück oder wollen neue
ausleihen. Sie haben Fragen, suchen ein
spezielles Programm oder wollen einen Film
ansehen.

Simone, die Leiterin der Mediothek, hilft,
informiert, berät. Sie sagt: „Am Anfang
denken die Studenten, dass die Grammatik
das größte Problem ist. Und dann sprechen
wir zusammen, und sie sehen dann: Deutsch
ist nicht nur Grammatik; Deutsch ist auch
Hören, Sprechen, Lesen."

② Etwa 160 Studentinnen und Studenten
lernen an diesem Institut Deutsch. Sie besuchen Grund-, Mittel- und Oberstufen-Klassen.
Die Kurse dauern zwei Monate; Unterricht ist
von Montag bis Freitag, immer vier Stunden
am Vormittag.

Und nachmittags von 13 bis 18 Uhr können
die Studierenden in die Mediothek gehen
und mit Cassetten, Videos und Computer-
Programmen weiter Deutsch lernen. Hier
kann jeder sein eigenes Programm suchen
und individuell lernen.

A6	Eine Mediothekarin leiht Bücher/Cassetten/Videos/... aus. Sie beantwortet Fragen über ... . Sie informiert/berät/hilft.
A7	(Wie) kann ich Ihnen helfen?

A7 (Wie) kann ich Ihnen helfen?

Wollen Sie eine Grammatik
oder eine Cassette?
Wo/Was ist das Problem?
Da habe ich ein Übungsbuch.

– Haben Sie ein Programm zu den
Modalverben?
– Eine Cassette. Kann ich die mit nach
Hause nehmen?
– Die Präpositionen sind sehr schwer.
– ...

A4

**Understanding
information about
learning**

Look at the photos:
Was machen
die Studentinnen
und Studenten?

A5

What can you do in
a media center?
What do you have
to bring along?

A6

Lesen Sie Text ①:
Wie arbeitet
eine Mediothekarin?
Was ist
ihre Aufgabe?
→Ü5 – Ü8

A7

a) Ein Interview
mit Simone:
Wie hilft sie
den Studenten?
b) Spielen Sie
Dialoge.
→Ü9

A8

Read text ②:
How many hours of
lessons do the
students have each
week? How long
can they work in
the media center?
→Ü10 – Ü13

A9

3 Das Sommerfest

Preparing a party

Was sehen Sie auf den vier Fotos?

A10

a) Compare the photos with the program. Which parts of the program go with each photo?
b) Read the text at the bottom: Who is presenting the program? Which countries appear in the program?

→Ü14 – Ü16

Sommerfest

des Goethe-Instituts Bremen

ab 16.00 Uhr	**Kaffee, Tee und Kuchen** im Aufenthaltsraum
16.00 - 16.30 Uhr	**Bananen-Wettlauf** im Hinterhof
16.30 - 17.30 Uhr	Das **Bremer Streichquartett** spielt im Aufenthaltsraum
	Nepal: Studenten und Studentinnen stellen ihr Land vor mit Dia-Vortrag und Video (Raum 15)
	Japan: Origami - Die japanische Kunst des Papierfaltens Postkarten-Ausstellung (Raum 12)
	Thailand: 16.30-16.50 Dia-Vortrag, thailändischer Schmuck-Verkauf 16.50-17.10 thailändischer Sprachkurs (mit Text-wiedergabe - der/die beste Schüler/in bekommt einen Preis!) 17.10-17.30 thailändische Musik (Raum 14)
17.30 Uhr	**Begrüßung** und **Eröffnung der Tombola** - der Erlös wird einer gemeinnützigen Organisation gespendet
17.30-18.00 Uhr	**Internationale Tänze** (Schweden, Spanien ...) im Hinterhof
ab 18.00 Uhr	**Internationales Buffet** im Flur und im Aufenthaltsraum
19.00 - 20.00 Uhr	Studenten und Studentinnen machen **Musik** im Hinterhof: **Amerikanische Gospels** - gesungen von Scott Moore **Japanische Lieder** **Gitarrenmusik** ...
20.00 - 22.00 Uhr	**Big Band** mit **Tanzmusik** (und **Tanzwettbewerb**!) im Hinterhof - bei Regen in Raum 34
ab ca. 21.00 Uhr	**Gewinnausgabe der Tombola** im Flur
ab 22.00 Uhr	**Disco** im Aufenthaltsraum

160 Studentinnen und Studenten besuchen die Kurse; sie kommen aus 48 verschiedenen Ländern. Heute feiert das Institut sein Sommerfest. Es kommen viele Gäste.
Die Studierenden machen das Programm: Sie spielen Musik, zeigen Spezialitäten aus ihren Ländern; sie sind fröhlich, lachen, tanzen, unterhalten sich. Einige tragen Festkleider.
Die Atmosphäre ist wunderbar.

A11

"Are you coming to the ...?" Role-play the dialog.

A11 Kommst du mit zum Sommerfest?
Von 16 Uhr bis 16 Uhr 30 ist ein ...
Ab 18 Uhr gibt es ein ...
Um 20 Uhr spielt eine ...
Was interessiert Sie besonders?

– Ja, gerne, was gibt es da?

– Sehr gut! Und was gibt es noch?
– Die internationalen Tänze und ...

Cyrus aus Nigeria trifft Pietro aus Italien, seinen Freund.
Cyrus spricht kein Italienisch, Pietro kann kein Englisch.
Also sprechen sie Deutsch, das ist hier ihre gemeinsame Sprache.
Und sie verstehen sich gut, wie man sieht. Cyrus erzählt von
einer Einladung bei einer deutschen Familie. Pietro berichtet von
einem Disco-Abend.

Und was machen Elena, Esther, Leslie und Anders?
Leslie bietet Spezialitäten aus Texas an. Sie verkauft gut: eine
Portion für zwei Mark.
Anders trinkt Bier und spricht mit Freunden.
Elena ist mit ihrem Freund zusammen. Sie lacht und freut sich;
aber er ist ganz ernst.
Esther träumt – oder ist sie traurig?

A12

Participating in the party

Which people in the photos ⑤ – ⑩ do you know?
What are they doing? What are they thinking?

A13

Lesen Sie den Text.
Vergleichen Sie mit den Fotos.

A14

Sie gehen auf das Fest:
Spielen Sie Dialoge.

A15

Write a report about this party.

→Ü17 – Ü19

A14 Hallo, wie geht's (dir)?	– Sehr gut, danke. / Nicht so gut.
Was machst du so?	– Ich bin oft mit Freunden zusammen, gehe ins Kino, in die Disco und tanze.
Was ist los mit dir? Bist du traurig?	– Nein, ich warte auf ... .
Was verkaufst du da?	– Spezialitäten aus ... .
Auf Wiedersehen!	– Wiedersehen!/Tschüs!

4 Aussprache

▷ S. 113 (A)

 A16

a) Lesen Sie die Wörter halblaut mit.
b) Sprechen Sie die Beispiele.
→Ü20 – Ü21

Vokale: o, u

[o:] ← Rom / wohnen / Zoo   *Montag/Büro*

[ɔ] — kommen   *wollen/Osten*

[u:] ← Juni / Uhr   *Buch/suchen*

[ʊ] — Gruppe   *Kurs/Stunde*

  A17

Lesen Sie halblaut mit.
→Ü22

Wortakzent

▷ S. 114 (D)

kommen Stunde Montag suchen
● ·   · ·   ● ·   ● ·

Institut Information studieren
· · ●   · · · ●   · · ●

Der **Wortakzent** ist bei …

… **deutschen** Wörtern meist **am Anfang**.

… **internationalen** Wörtern meist **am Ende**.

 A18

Lesen Sie halblaut mit. Achten Sie auf den Satzakzent.

Satzakzent

▷ S. 114 (E)

Leslie besucht einen Sprachkurs. Sie lernt Deutsch. Die Grammatik findet sie nicht so schwer. Es gibt viele gute Übungen.

Aber sie möchte auch ihre Aussprache verbessern. Da gibt es leider sehr wenig Übungen im Unterricht.

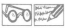 **A19**

a) Lesen Sie mit.

b) Lesen Sie den Text A18 laut.
→Ü23

Ist die Aussprache wichtig? (oder die Grammatik?)
        ●

Ist die Aussprache wichtig? (oder unwichtig?)
            ●

Aussprache und Grammatik (beides!)
    sind wichtig!
        ●

Der **Satzakzent** ist auf dem **Wort** mit der **zentralen** Information.

Leslie besucht einen Sprachkurs. Sie lernt Deutsch. …
                            ●   ●

 A20

Combining expressions: "In the media center"

Read the text on page 31. Write down the expressions with the correct verbs.

5 Wortschatz

Beispiel: einen Film | ansehen

↔

mit Arbeitsblättern   Bücher
ein Programm für Grammatik   Hilfe
mit einem Computer-Programm   Cassetten
Zeitungen und Zeitschriften   Radio
mit Kolleginnen und Kollegen

bekommen
zurückbringen
suchen
ausleihen
hören
Deutsch lernen
üben
lesen
sprechen

A21

Your partner says the first part of the expression. You complete the expression with the correct second part.

6 Grammatik

Modalverben: Präsens

→Ü6, Ü8, Ü13

	können	wollen	müssen	dürfen	sollen	mögen
ich	kann	will	muss	darf	soll	mag
du	kann st	will st	muss t	darf st	soll st	mag st
Sie	könn en	woll en	müss en	dürf en	soll en	mög en
er es sie	kann	will	muss	darf	soll	mag
wir	könn en	woll en	müss en	dürf en	soll en	mög en
ihr	könn t	woll t	müss t	dürf t	soll t	mög t
Sie	könn en	woll en	müss en	dürf en	soll en	mög en
sie	könn en	woll en	müss en	dürf en	soll en	mög en

Modalverb und Verb: Satzklammer

→Ü7 – Ü8

Die Studenten (können) für vierzehn Tage Bücher (ausleihen.)

Sie (müssen) ihren Ausweis (mitbringen.)

Sie (wollen) einen Film (ansehen.)

(MODALVERB)   (VERB)

SATZKLAMMER

Modalverben: Bedeutungen

→Ü12 – Ü13

Was können/wollen/müssen/dürfen/sollen die Studenten machen?

Sie können in die Mediothek gehen.
Sie können dort Hilfe bekommen.

MÖGLICHKEIT

Sie können schon ganz gut sprechen.
Sie können die Texte verstehen.

FÄHIGKEIT

Sie müssen ihren Ausweis mitbringen.
Sie müssen die Bücher zurückbringen.

NOTWENDIGKEIT

Sie wollen einen Film ansehen.
Sie wollen Cassetten ausleihen.

WILLE/ABSICHT

Sie dürfen in der Mediothek arbeiten.
Sie dürfen hier aber nicht rauchen.

ERLAUBNIS/VERBOT

Sie sollen viel hören.
Sie sollen viel lesen.

AUFTRAG/RAT

Victoria mag klassische Musik.
Welche Musik mögen Sie nicht?

VORLIEBE/ABNEIGUNG

Sprachen lernen

 A1

1 Lernen: wann, wo, wie?

Describing ways to learn languages

a) Warum lernt Giovanna Deutsch?
b) Was macht Giovanna, was macht Herbert?

→Ü1

Giovanna Rathmaier, von Beruf Apothekerin, kommt aus Mailand. Sie wohnt erst seit vier Monaten in Innsbruck. Der Grund: Ihr Mann Herbert ist Österreicher.
Giovanna hat zur Zeit keine Arbeit. Sie hat viel Zeit und lernt jeden Tag Deutsch. Zweimal in der Woche besucht sie einen Sprachkurs, am Abend von sechs bis acht Uhr. Sie will schnell Deutsch lernen: „Mein Beruf macht mir viel Spaß, und ich will bald wieder arbeiten."

Herbert Rathmaier ist Manager. Er kommt immer erst am Abend nach Hause. Dann sprechen Giovanna und er meistens Englisch. „Wir sprechen noch ziemlich viel Englisch miteinander. Aber Giovanna lernt schnell Deutsch, und ich lerne langsam Italienisch. Bald können wir uns auf Deutsch oder Italienisch unterhalten", sagt Herbert.

 A2

a) How is Herbert learning Italian?
b) When does he use the language?

→Ü2

Ein Interview mit Herbert Rathmaier:

Herr Rathmaier, besuchen Sie ● eigentlich auch einen Italienischkurs?

○ Ja, aber nicht regelmäßig. Oft komme ich nicht früh genug zurück von der Arbeit. Und zu Hause lerne ich kaum mit dem Lehrbuch. Ich habe keine Zeit und keine Lust.

 A3

Talking about learning

In what kind of situations do you learn German? Conduct an interview.

→Ü3 – Ü4

Wie lernen Sie dann Italienisch? ●

○ Wir sehen gemeinsam italienisches Fernsehen, und zu Hause läuft auch oft italienisches Radio.

Verstehen Sie schon viel? ●

○ Es geht. ...

A1	Warum lernt Giovanna Deutsch?	– Der Grund ist: Sie will ... . Sie möchte ... .
A3	Wie oft lernen Sie Deutsch? Wann und wo lernen Sie? Können Sie Radio verstehen?	– Jeden Tag. / Zweimal in der Woche. ... – Im Sprachkurs. / Beim Fernsehen. / Ich höre (viel) Radio. / Ich lese Zeitungen. – Nicht gut. / Es geht. / Immer mehr. Ich frage Freunde / meine Lehrerin ...

2 Lerntechniken

① Im Deutschkurs von Giovanna sprechen die Kursteilnehmer und die Lehrerin über das Lernen. Dann schreibt Giovanna ihren Merkzettel.

Merkzettel! Merkzettel!

Ich kann **schon ziemlich viel verstehen**.
Ich möchte **gut Deutsch sprechen**.
Ich will **täglich eine Stunde lernen**.
Ich darf **im Sprachkurs Fehler machen**.
Ich muss **im Unterricht mehr fragen**.

② Inci, Akemi und Ismail arbeiten in einer Gruppe zusammen.
Sie haben Zeitungen, Magazine und Prospekte: Sie suchen darin Bilder und Wörter. Die Bilder und Wörter schneiden sie aus. Aus den Wörtern machen sie Sätze mit zwei Verben: mit einem Modalverb weit vorne und einem Verb am Satzende. Zu jedem Bild einen Satz. Die Wörter und die Formen müssen zusammen passen. Die Sätze sollen grammatisch korrekt sein und auch einen Sinn haben. Sie fragen oft ihre Lehrerin, und die hilft. Am Schluss kleben sie die Bilder und die Sätze auf ein großes Blatt Papier. Das zeigen sie dann ihren Kolleginnen und Kollegen.

A4

Writing down your goals

What can Giovanna do? What does she want to do?

A5

Write out your own card. Compare cards.

→Ü5 – Ü7

A6

Constructing sentences

a) What are Inci, Akemi and Ismail doing?
First look at the pictures and then read the text ②.

b) Glue words together to make sentences following the example.

→Ü8

A5	Welche Ziele hast du?	– Ich will sprechen können / Texte verstehen.
	Was möchten Sie können?	– Ich möchte die Leute verstehen.
A6	Wie arbeiten die Kursteilnehmer?	– In Gruppen. / Mit Partner(in). / Allein.
A7	Was machen Sie im Kurs (nicht) gern?	– Ich spreche/lese/schreibe … (nicht) gern.
	Was finden Sie (nicht) wichtig/leicht/schwer?	– Übungen / Cassette hören finde ich leicht. Ich finde Grammatik/Aussprache wichtig.
	Was gefällt Ihnen (nicht) gut?	– Mir gefällt Gruppenarbeit/Partnerarbeit … (nicht).

A7

Talking about your lessons

a) What do you like to do in your classes?
b) How else can you learn?

→Ü9 – Ü15

3 Lerntipps

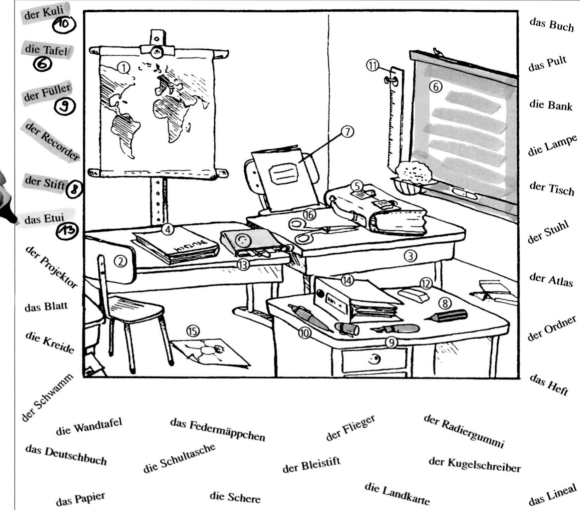

der Kuli ⑩
die Tafel ⑥
der Füller ⑨
der Recorder
der Stift ⑧
das Etui ⑬
der Projektor
das Blatt
die Kreide
der Schwamm

das Buch
das Pult
die Bank
die Lampe
der Tisch
der Stuhl
der Atlas
der Ordner
das Heft

die Wandtafel   das Federmäppchen   der Flieger   der Radiergummi
das Deutschbuch   die Schultasche   der Bleistift   der Kugelschreiber
das Papier   die Schere   die Landkarte   das Lineal

A8

Understanding and giving "learning tips"

a) What do you think of Giovanna's learning tip?
b) How do you learn vocabulary? Compare methods.

⑰

→Ü16 – Ü18

A9

a) What is in your classroom? Compare it with the picture above.
b) What would you like to have in your classroom? What don't you want?

→Ü19 – Ü25

So lernt Giovanna neue Wörter:

„Nach dem Kurs schaue ich die Bilder im Lehrbuch noch einmal an und lese dazu meine Notizen aus dem Unterricht. Ich suche Wörter mit Artikel auf den Bildern. Dann male ich: Das Wort mit Artikel und den Gegenstand auf dem Bild male ich mit der gleichen Farbe an. Wörter und Gegenstände mit dem Artikel *der* mache ich blau, Wörter mit *die* rosa, Wörter mit *das* gelb. *Der* Tisch ist also blau.
Ich zeichne auch oft ein Bild mit den Wörtern und nehme wieder die gleichen Farben. Das mache ich gern, und das hilft mir beim Lernen."

In meinem In unserem	Kursraum Klassenzimmer	gibt es	einen/keinen eine/keine	Video-Recorder/... Tafel/...	.
		möchte ich	ein/kein - - -/keine	Pult/... Bänke/...	haben.

A8 Wie findest du den Tipp? – Finde ich (sehr) gut / nicht so gut / schlecht.
   Wie lernen Sie Wörter mit Artikeln? – Ich schreibe/markiere/spreche sie laut ...
   Schreibst du alle Wörter ab? – Nein, ich nehme sie auf Cassette auf. / ...

A10

What else might the people be saying? Complete their statements.

→Ü26

A11

Questions about your learning styles

How do you learn? Write your methods down. Compare and share your answers with the group.

(A) Wie oft wiederholen Sie?
(B) Was wollen Sie heute lernen?

(C) Erreichen Sie Ihr Ziel?
(D) Wie lange lernen Sie ohne Pause?

Tipp 1	**Tipp 2**	**Tipp 3**	**Tipp 4**
Planen Sie Ihr Lernen: Was wollen Sie genau lernen oder üben? Machen Sie für sich einen Zeit-plan.	Lernen Sie nicht zu viel auf einmal. Machen Sie nach einer halben Stunde eine Pause. Lernen Sie nach der Pause etwas anderes.	Wiederholen Sie oft, aber wiederholen Sie immer anders. Wiederholen Sie auch gemeinsam mit anderen.	Testen Sie selbst: Können Sie nach dem Lernen mehr verstehen? Können Sie mehr sagen? Verstehen Sie die Grammatik?

A12

a) Which tip goes with which question?
b) Which do you find the most interesting?
c) Can you give a learning tip of your own?

→Ü27 – Ü28

A11	Was tun Sie zu Hause? Was lernst du daheim? Wie lange lernen Sie am Tag?	– Ich mache Übungen im Arbeitsbuch / höre die Cassette / lese die Texte … – Täglich eine Stunde. / Ich habe keine Zeit. / Nicht mehr als zwanzig Minuten.
A12	Welche Tipps können Sie mir geben? Was kannst du mir empfehlen?	– Machen Sie sich einen Zeitplan. Planen Sie Ihr Lernen zu Hause. – Du musst oft wiederholen und dich testen.

4 Aussprache

▷ S. 113 (A)

A13

a) Lesen Sie halblaut mit.
b) Sprechen Sie die Beispiele.
→Ü29 – Ü30

Vokale: ö, ü, y

[ø:] ⟨ hören / fröhlich *schön/Österreich*

[œ] — können *möchten/zwölf*

[y:] ⟨ Zürich / fühlen / Typ *Bücher/Süden*

[ʏ] ⟨ fünf / Rhythmus *müssen/fünfzig*

A14

Lesen Sie halblaut mit.
→Ü31

Wortakzent

▷ S. 114 (D)

aufnehmen aussprechen ankreuzen nachsprechen
● • • • ● • ● • • ● • •

beschreiben vergleichen erklären entdecken
• ● • • ● • • ● • • ● •

Der **Wortakzent** ist …
… bei **trennbaren** Verben auf dem **Präfix**.

… bei **nicht trennbaren** Verben auf dem **Verb-stamm**.

A15

Sprechen Sie die Beispiele.
→Ü32

Verstehen Sie das?

Möchten Sie etwas ausleihen?

Sprechen Sie bitte nach.▾

Vergleichen Sie.▾

Schreiben Sie mit!

Sie hört zu.

A16

What the prepositions mean (1)

Which prepositions can you find in the expressions? Write them down.

zum	<	zu dem
zur	<	zu der
vom	<	
beim	<	

5 Wortschatz

A Lokale Bedeutung:
– zum Büro gehen
– aus dem Büro kommen
– vom Büro zurückkommen

B Temporale Bedeutung:
– nach dem Unterricht
– seit zwei Monaten
– beim Fernsehen lernen

C Instrumentale Bedeutung:
– mit Cassetten lernen
– mit dem Lehrbuch lernen

D Begleitende Bedeutung:
– Sätze mit einem Verb
– Wörter mit dem Artikel „der"

A17

a) Which groups, A–D, do the listening texts go with?
b) Listen to the texts again and write down the prepositions.

6 Grammatik

Artikel-Wörter und Substantiv (3): Deklination

→Ü11 – Ü15
Ü20 – Ü21

„Das ist kein Kugelschreiber, das ist ein Bleistift, der Bleistift von Hans!"

	SINGULAR				PLURAL
MASKULIN					NOMINATIV /AKKUSATIV:
NOMINATIV	der	/ ein	/ kein	Satz	
AKKUSATIV	den	/ ein en	/ kein en	Satz	
DATIV	dem	/ ein em	/ kein em	Satz	die / ☐ / kein e Sätze Wörter Gruppen
NEUTRUM					
NOMINATIV	das	/ ein	/ kein	Wort	
AKKUSATIV	das	/ ein	/ kein	Wort	DATIV:
DATIV	dem	/ ein em	/ kein em	Wort	
FEMININ					den / ☐ / kein en Sätzen Wörtern Gruppen
NOMINATIV	die	/ ein e	/ kein e	Gruppe	
AKKUSATIV	die	/ ein e	/ kein e	Gruppe	
DATIV	der	/ ein er	/ kein er	Gruppe	

Possessivartikel und Substantiv

→Ü22 – Ü25

PERS. PRON.	POSSESSIVARTIKEL + SUBSTANTIV: SINGULAR NOM.			PLURAL NOM.
SINGULAR	MASKULIN	NEUTRUM	FEMININ	
ich	mein Bleistift	mein Buch	mein e Cassette	mein e
du	dein Bleistift	dein Buch	dein e Cassette	dein e
Sie	Ihr Bleistift	Ihr Buch	Ihr e Cassette	Ihr e
er/es	sein Bleistift	sein Buch	sein e Cassette	sein e
sie	ihr Bleistift	ihr Buch	ihr e Cassette	ihr e Stifte Bücher Cassetten
PLURAL				
wir	unser Bleistift	unser Buch	unser e Cassette	unser e
ihr	euer Bleistift	euer Buch	eu(e)r e Cassette	eu(e)r e
Sie	Ihr Bleistift	Ihr Buch	Ihr e Cassette	Ihr e
sie	ihr Bleistift	ihr Buch	ihr e Cassette	ihr e

In the accusative / dative singular, mein, dein, Ihr … have the same endings as ein, kein. The accusative / dative plurals have the same endings as kein.

Farben, Häuser, Landschaft

  A1

1 Farben

Understanding colors

a) Look at the houses. How many colors do you see?
b) What are they in English?

→Ü1 – Ü2

 A2

a) How many different voices do you hear?
b) Say the colors out loud:
loudly – softly
high – low
slowly – quickly.

 A3

Read the text as a dialog (with 2, 3, 4, 5 different voices).

 A4

Play a "color symphony".

→Ü3

Grün
Blau
Grünblau
Blaugrün
Türkis
Türkis?
Ein schönes Wort: t ü r k i s
Ein schöner Klang
Und das: rot? blau?
Lila
L i l a
Türkis – lila – lilatürkis
Türlilakis!
Schöne Wörter
Schöne Klänge
Schöne Farben

A5	Wie finden Sie die Farben? Gefallen dir die Farben? Ist das grün oder blau?	– Schön! Das sind schöne Farben. – Nein, die (Farben) gefallen mir nicht. – Das ist blaugrün/türkis.
A9	Welche Farben mögen/lieben Sie (nicht)? Welche Kleiderfarben tragen Sie (nicht) gern?	– Ich mag … (nicht) gern. – Ich trage (nicht) gern … .

2 Häuserfarben

Ein Dorf in Irland.
Fünfzig oder sechzig Häuser.
Etwa dreihundert Menschen leben hier.

Die Häuser sind sehr bunt:
rosa, blau, rotbraun, türkis, lila, violett, oliv … .
Die Farben sind ein Kontrast zum Himmel. Der ist oft grau.

Überall malen Menschen ihre Häuser an;
und die Farben sind von Land zu Land verschieden.

Das Foto unten zeigt auch ein Haus.
Die Farbe ist Rotbraun; sie heißt auch „Siena" – ein schönes Wort?
Die anderen Farben sind Rosa und Schwarzgrün.
Und oben ist ein herrlicher blauer Himmel.

A5

Talking about colors

a) What do you think of the house colors?
Which do you like? Which don't you like?
b) Describe your favorite house.

→Ü4 – Ü5

A6

a) Which words for colors are in the text?
b) Where does the word "Sienna" come from?

A7

Compare the sky in the top and bottom photos.
Where might the house in the bottom photo be?

→Ü6

A8

Are there typical colors for houses in your city/country?

A9

Which colors do you love?
What color clothing do you like to wear?

→Ü7 – Ü10

A10

Describing the landscape

a) Look at the photos and listen.
b) Going to the beach: listen and role-play.

 A11

Read the text and write down all the "space" words (e.g. *weit*) and all the color words.

→Ü11 – Ü12

 A12

Read the text out loud with different voices (a different one for each sentence or two). Use different intonations.

→Ü13 – Ü14

 A13

Would you like to live here? Why (not)?

→Ü15

3 Mensch und Landschaft

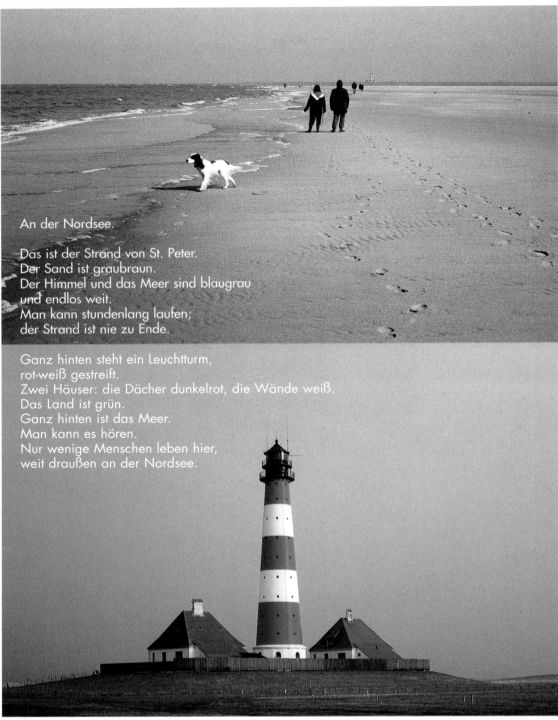

An der Nordsee.

Das ist der Strand von St. Peter.
Der Sand ist graubraun.
Der Himmel und das Meer sind blaugrau
und endlos weit.
Man kann stundenlang laufen;
der Strand ist nie zu Ende.

Ganz hinten steht ein Leuchtturm,
rot-weiß gestreift.
Zwei Häuser: die Dächer dunkelrot, die Wände weiß.
Das Land ist grün.
Ganz hinten ist das Meer.
Man kann es hören.
Nur wenige Menschen leben hier,
weit draußen an der Nordsee.

A11	Wie ist die Landschaft?	– Sie ist (endlos) weit. Der Strand ist nie zu Ende.
	Wie sieht der Strand aus?	– Der Sand / Der Himmel / Das Meer ist … .
A13	Möchten Sie hier leben/wohnen?	– Ja, der Strand ist so schön und … . Nein, hier leben zu wenige Menschen und … .

4 Farbhäuser

Villen am Hügel.
1911 malt Gabriele Münter dieses Bild und nennt es „Villen am Hügel".
Wir sehen vier große, blaugrüne Häuser.
Die Fenster sind schwarz, die Dächer rotbraun und schwarz.
Der Himmel ist groß und hellgelb.
Durch das Bild geht eine Linie von links oben nach rechts unten.
Das ist der Hügel.
Gabriele Münter malt ihn grün und grüngelb.
Die Häuser stehen schräg auf dem Hügel.
Davor stellt die Malerin schwarze Bäume, sehr einfach, fast primitiv.
Das Bild ist leer. Kein Mensch ist zu sehen.

A14

Describing a picture

Do you like this picture, the colors, the composition?

A15

Read the text. Is it an exact description?

→Ü16 – Ü17, Ü19

A16

Listen to a painter's commentary about the painting by G. Münter. Compare the text with your opinion.

→Ü18 – Ü21

A14	Wie finden Sie das Bild?	– (Es ist) schön / interessant / modern / nicht so gut / hässlich.
	Wie finden Sie die Farben?	– Komisch. / Zu grün. / Zu dunkel. / Zu hell. / Kalt. / …
	Gefällt dir die Komposition?	– Ja, gut. Sie ist harmonisch. Nein, sie ist (mir) zu abstrakt / zu … .
A15	Ist die Beschreibung genau? Stimmt die Beschreibung?	– Ja, es steht alles genau im Text. Nein, da fehlt etwas: … . Das ist nicht genau: … .

5 Aussprache

A17

a) Lesen Sie
halblaut mit.
b) Sprechen Sie die
Beispiele.
→Ü22 – Ü24

Diphthonge: ei/ai, eu/äu, au

▷ S. 112

[ai] ⟨ **ei**n / **Mai**   [ɔy] ⟨ n**eu**n / B**äu**me   [au] — P**au**se

_k**ei**n/Z**ei**t_   _h**eu**te/H**äu**ser_   _bl**au**/B**au**m_

A18

a) Listen to the
text.
b) Look out the
window. What do
you see?

Satzakzent

▷ S. 114 (E)

Ich schaue aus dem Fenster.
Ich sehe nur den Himmel und einen großen Baum.
Der Baum ist bunt. Er hat fast alle Farben:
Grün, Gelb, Orange, Rot und Braun.
Ich schließe die Augen und sehe ein Bild:
Da ist der Baum blau.

A19

a) Hören Sie und
lesen Sie mit.
b) Sprechen Sie
den Text von A18.
→Ü25

Ich schaue aus dem Fenster.
•

Ich sehe viele rote und braune Dächer.
•

Der Himmel ist grau und blau.
•

Der **Satzakzent** ist meist am **Satzende**.

Ich schaue aus dem Fenster. ↘ Ich sehe …
•

6 Wortschatz

A20

**Word pictures:
"Landschaft"**

a) Which words
can you find?
Read them out
loud and write
them down.
b) Make word
pictures with
_Himmel, Wolke,
Weg, Villa,
Kreuzung …_

```
                                          l
                                          e
                            b  b          u  c
                          a       a       c  h          strand   meer  w
               g  e  l       h       u    h  t           l    s    and    meer   a
          ü              h               m  t  t        a  strand   meer   s
     h              ü                g  e  l    u  u     n  s    and    meer    s
                    g  e  l             e       r  r     d  strand   meer    e
                    ü          l        h       m  m  m     s    and    meer    r
```

```
               h
               a  u
          h  a  u  s
          h  a  u  s
          h  a  u  s                   k
                                       i            platz   p           h
                                       r            l       l         at  a
                                      kirc          a       a       rathaus  u
                                      kirch         t       t       rathaus
          s                           kirche        z  platz        rathaus
     stadt t stadt
      stadt r stadt
       stadt a stadt
            ß
            e
```

A21

Draw word pictures
for the words in
A20 or make-up
your own word
pictures.

7 Grammatik

Adjektiv: prädikativ

→Ü4

Der Baum ⟨ist⟩ schwarz ▢ . Das Haus ⟨ist⟩ grün ▢ . Die Farbe ⟨ist⟩ hell ▢ .

Die Bäume ⟨sind⟩ schwarz ▢ . Die Häuser ⟨sind⟩ grün ▢ . Die Farben ⟨sind⟩ hell ▢ .

„sein" + ADJEKTIV OHNE ENDUNG

Attributives Adjektiv (1): Nominativ

→Ü5, Ü10,
Ü16 – Ü17

SINGULAR: MASKULIN

Das ist

ein schwarz **e r** Baum.
Der schwarz **e** Baum

steht auf dem Hügel.

ein schwarz e▢r
de▢r schwarz e

NEUTRUM

Das ist

ein grün **e s** Haus.
Das grün **e** Haus

steht auf dem Hügel.

ein grün e▢s
da▢s grün e

FEMININ

Das ist

eine hell **e** Farbe.
Die hell **e** Farbe

gefällt mir.

ein▢e hell e
di▢e hell e

PLURAL:

Das sind

▢ schwarz **e** Bäume.
▢ grün **e** Häuser.
▢ hell **e** Farben.
Die schwarz **en** Bäume
grün **en** Häuser
hell **en** Farben

gefallen mir.

▢ schwarz ▢e
di▢e schwarz en

ADJEKTIV ART. + MIT + SUB- ENDUNG STANTIV

UNBEST. ART. + ADJ.
BEST. ART. + ADJ.

⚠ Die Farben sind dunk**el**. Das sind dunk**l**e Farben.

Wohnen

 A1

1 Die Turmwohnung

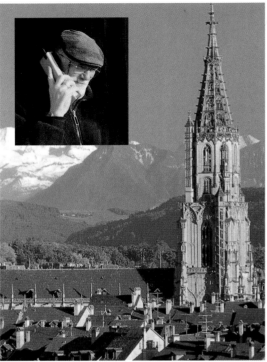

Space and measurements: Expressing assumptions

Look at the pictures. Where does Peter Probst live? How big is his apartment? What does he do?

→Ü1 – Ü3

 A2

Checking your assumptions

Wo wohnt Peter Probst? Wie groß ist die Wohnung? Was tut er? Wie hoch ist der Turm?

● Herr Probst, Sie wohnen in einem Turm ...

○ Ja, das stimmt. Ich wohne hier im Münster von Bern, also mitten in der Stadt. Das klingt wie in einem Märchen, aber es ist wahr. Ich bin nämlich der Turmwächter und verkaufe den Touristen Eintrittskarten und erzähle ihnen etwas über Bern.

● Und wie hoch ist der Turm?

○ Der Turm ist genau 100 Meter hoch. Aber ich lebe mit meiner Frau hier oben auf etwa 50 Meter Höhe.

● Wie lange schon?

○ Seit zehn Jahren. Und uns gefällt es immer noch. Die Aussicht ist großartig.

● Und wie groß ist die Wohnung?

○ Das ist eine 4-Zimmer-Wohnung, ziemlich groß, etwa 200 Quadratmeter. Wir haben zwei Zimmer und ein Büro, dann Küche, Bad und WC ... und eine Terrasse mit einer wunderschönen Aussicht. Im Sommer haben wir im zweiten Stock oben noch ein riesiges Zimmer – zehn Meter lang und zehn Meter breit –, aber im Winter kann man da nicht heizen.

● Haben Sie einen Keller?

○ Was meinen Sie? Haha!

● Und wie oft kaufen Sie ein?

○ Jeden Tag, da gehen wir die Treppe rauf und runter. Ich mache das meistens viermal pro Tag – das sind etwa tausend Stufen! Aber das ist gesund, da bleibe ich fit.

 A3

Would you like to live in a tower? Discuss your reasons.

A1	Peter Probst wohnt wahrscheinlich in ... . (Ich denke,) das ist vielleicht ... . Wie groß ist die Wohnung wohl?	Er ist vermutlich ... . Ich weiß (es) nicht. Ich vermute, er ... . – Etwa ... Quadratmeter.
A3	**+** Ich finde es schön da oben. Die Aussicht ist so schön. Die Idee gefällt mir. Man hat keine Nachbarn	**–** Ich brauche Menschen um mich. Man ist (so) isoliert. Man sieht nur Himmel. Ich glaube, da wird man komisch.

2 Wo wohnen Sie?

Vom Berner Münster aus hat man eine wunderschöne Aussicht auf die ganze Region.
In der Stadt und in der Region Bern wohnen ungefähr 300 000 Menschen.
Wir haben vier von ihnen befragt: Wo und wie wohnen Sie?

Eine junge Ausländerin
Sie hatte früher eine Wohnung im Stadtzentrum. Sie war ein richtiger Stadtmensch,
war gerne im Kino oder im Konzert. Aber …

Ein alter Mann
Er wohnt schon lange in der Altstadt von
Bern – mitten im Zentrum. Das Haus ist uralt.
Aber jetzt ist es komplett renoviert. Alles
sieht wie neu aus, und das findet er schön.
Aber …

Eine Schweizerin
Sie wohnt jetzt am Stadtrand. Ihre Wohnung
ist ganz modern und hat fünf Zimmer. Sie
findet die Wohnung sehr praktisch und
komfortabel. Auch ihre Kinder sind dort
zufrieden. Sie haben drei Gründe …

Ein Student aus Norddeutschland
Er wohnt in einem Neubauviertel, und da
gefällt es ihm: Es ist immer etwas los! Er
wohnt in einem Hochhaus, 14 Stockwerke
hoch; die Aussicht von da ist phantastisch!
Aber …

② Wohnsiedlung am Stadtrand

③ Bauernhaus auf dem Land

① Blick vom Münster: die Altstadt von Bern

④ Hochhaus in einem Neubauviertel

A4

**Describing
residences and
quality of life**

Lesen Sie die Texte.
Wo wohnen
die Leute?
Welches Bild passt?

A5

Hören Sie die vier
Interviews:
Wo haben die
Leute früher
gewohnt?
Wo wohnen die
Leute jetzt?

→Ü4

A6

Listen to the
interviews again.
Write down the
pros and cons.

→Ü5 – Ü6

A7	Wo wohnen Sie? / Wo wohnst du?	– Ich wohne in … .
	Wo genau (ist das)?	– Am Stadtrand. / Im Zentrum. / Auf dem Land. / In der Stadt.
	Seit wann wohnen Sie hier?	– Seit … Jahren. / Seit 1990.
	Wie ist deine Wohnung?	– (Sie ist) groß/komfortabel/hell/klein/ eng/dunkel.
	Was sind die Vorteile?	– Das Haus ist renoviert / direkt im Zentrum. Die Wohnung ist billig/ruhig.
	Was sind die Nachteile?	– Es ist sehr laut. / Die Miete ist sehr hoch.

A7

a) How does your
partner live?
Ask your partner
and take notes.
b) Tell your partner
about your living
conditions.

→Ü7 – Ü11

A8

Furnishings: talking about quality and price

Do you find the salesman likeable? What do Heinz and Elena want to buy? What would the salesman like?

→Ü12

3 Die neue Wohnung einrichten

Elena und Heinz haben seit einer Woche eine neue Wohnung in einem Wohnblock im Zentrum. Sie gehen in ein Geschäft. Sie wollen etwas kaufen.

- ● 5998 Mark.
- ○ Ganz schön teuer.
- ● Aber das ist ohne Herd!
- ■ Ohne Herd? Das ist doch keine Küche!
- ● Der Herd ist nicht dabei.
- ○ Was kostet der denn etwa?
- ● Zwischen 900 und 3500 Mark.
- ■ Also kostet das Ganze etwa 8000 Mark?
- ● Ja, aber ohne die Schränke, die gehören nicht dazu. Aber sehen Sie, die Küche ist hell und modern. Sehr praktisch: genug Regale, zwei Spülbecken, viel Platz zum Kochen.

- ○ Ja, das schon, aber …
- ■ Also 10 000 Mark, dann ist die Küche komplett.
- ● Ja, so ungefähr – nur die Geschirrspülmaschine … Haben Sie sonst noch Fragen?
- ○ Ja, haben Sie auch billige Küchenstühle aus Plastik?

 A9

a) Spielen Sie den Dialog.
b) Variieren Sie den Dialog.

→Ü13 –Ü14

A9 Wie teuer ist die Küche? Ist das der Preis mit Herd?	– (Etwa) 6000 Mark. – Ja, der Herd ist dabei. / Nein, der gehört nicht dazu.
Was kostet (denn) alles zusammen?	– 10 000 Mark komplett. Das ist nicht teuer/preiswert/billig.
Das ist aber ganz schön teuer! Haben Sie auch billige Küchenstühle? Ja, die nehme ich / nehmen wir. Hm, haben Sie noch andere?	– Das schon, aber sie ist hell/originell … – Ja, hier bitte. Nur 25 Mark das Stück. – Aber sicher, da hinten …

4 Die neue Wohnung: Einweihungsparty

A10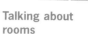

Talking about rooms

Where do the four dialogs take place? Who is talking: the hosts/ the guests? Guess.

① ● Das Wohnzimmer finde ich originell.
○ Originell? Mir gefällt es überhaupt nicht. Da passt ja nichts zusammen! Schau mal: Das Sofa ist schwarz und rund, der Sessel ist blau und eckig – das geht nicht. Und der Teppich gelb, der Boden blau, und dazu die Möbel aus Holz, und oben an der Decke der Ventilator – schrecklich!

② ● Entschuldigung, wo ist bitte die Toilette?
○ Wie bitte?
● Ich suche die Toilette.
○ Ach so. Im Flur, zweite Tür rechts.
● Danke.

③ ● Schau mal, da an der Wand, die Posters und Fotos! Gefallen die dir?
○ Ja, sicher. Das da hab ich auch.
● Und die Bilder – ziemlich alt. Sind die wohl echt?
○ Glaub ich nicht.
● Und da, ein Bild von van Gogh!
○ Wo denn?
● Da hinten, im Schlafzimmer.
○ Ach so, das gelbe Zimmer.

④ ● Schön, wirklich schön. Ich gratuliere!
○ Ja, uns gefällt es auch. Aber hier im Büro ist noch Unordnung. Hier stellen wir dann den Computer hin und dort das Bücherregal. Tja, dann sind wir schon fast fertig. Dann bleibt nur noch die Küche …

A11

Listen to the dialog again and look carefully at the people. Do the guests find the apartment nice? What do they like/dislike?

→Ü15 – Ü16

A11	Entschuldigung, wo ist …?	– In der Küche. / Im Flur. / Im Wohnzimmer.
	Gefällt dir/Ihnen das …?	– Ja, (es gefällt mir) sehr gut. / Ja, das passt gut (zusammen). Nein, (es gefällt mir) überhaupt nicht. / Nein, das passt nicht. Das ist zu groß/klein.
	Das ist aber originell!	– Das finde ich auch/nicht.
	Der Sessel ist rund / eckig / aus Holz / aus Plastik. Die Möbel sind modern/alt …	

5 Das gelbe Schlafzimmer

A12

Describing a room

What is in the room by van Gogh? Find the items in the room.

→Ü17 – Ü18

A13

How do you like the yellow bedroom? Give reasons for your opinion.

In einem Brief an seinen Bruder Theo aus dem Jahre 1888 beschreibt Vincent van Gogh sein Schlafzimmer: „Die Wände sind von blassem Violett. Der Fußboden hat rote Ziegel. Das Holz des Betts und die Stühle sind gelb wie frische Butter, das Laken und die Kopfkissen sehr helles grünliches Zitron. Die Bettdecke scharlachrot. Das Fenster grün. Der Waschtisch orange, das Waschbecken blau. Die Türen lila. Und das ist alles – Porträts an den Wänden und ein Spiegel und ein Handtuch und ein paar Kleider."

A14

And your room: Where is what? Draw a plan and note the important items (furniture, …).

20

→Ü19 – Ü21

21

→Ü22 – Ü36

Das gelbe Schlafzimmer

6 Ausprache

„Murmelvokale"

▷ S. 113 (B) **A15**

beschr<u>ei</u>ben/N<u>a</u>me

Z<u>i</u>mmer/h<u>ie</u>r/erz<u>ä</u>hlen

a) Lesen Sie
halblaut mit.
b) Sprechen Sie die
Beispiele.

→Ü37 – Ü39

Wortakzent: Komposita

▷ S. 114 (D) **A16**

Lieber Peter!

Endlich habe ich meine Traumwohnung! Wo???
Natürlich im Stadtzentrum - Hochhaus - 12. Etage!
Du weißt, ich bin ein Stadtmensch und liebe den Blick
über die Dächer und das bunte Lichtermeer in der Nacht ...
Am 10. Mai ist Einweihungsparty - ab 19 Uhr.
Ich freue mich auf dich!

deine Anne

Kannst du einen Tomatensalat mitbringen?

a) Hören Sie den
Text.
b) Lesen Sie die
Einladung vor.

(22)

Traum und Wohnung	→	Traumwohnung
Stadt und Zentrum	→	Stadtzentrum
Tomaten und Salat	→	Tomatensalat

Komposita werden meist
auf dem **ersten Wortteil** betont.

A17

a) Lesen Sie mit.
b) Sprechen Sie
den Text von A16.

→Ü40 – Ü41

7 Wortschatz

das Haus   der Keller   das Erdgeschoss/Parterre
der erste Stock   das Stockwerk   der Dachboden
das Dach   der Kamin / der Schornstein   die Tür
die Treppe   die Stufe   der Raum / das Zimmer
die Wand   die Decke   der Boden   das Fenster

A18

Wort-Häuser

a) A drawing and
the words: Where
is what?
b) Draw a house.
Write in the words.

alt – neu

breit – schmal

groß – klein

eng – weit

hell – dunkel

hoch – niedrig

rund – eckig

billig – teuer

modern –
    altmodisch

A19

Describe the house
in the photo.
Use adjectives.

A20

Look at the photo
and listen to the
tape. Where does
Eva live?

8 Grammatik

→Ü9 – Ü10 **Verb und Ergänzungen (1)**

1. Subjekt und Nominativergänzung

| Herr Probst | ist | Turmwächter. |
| Der junge Mann | ist | Student. |

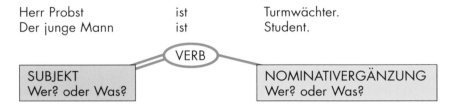

2. Subjekt und Akkusativergänzung

Herr Probst	hat	eine große Wohnung.	
Die Wohnung	hat	zwei Zimmer, eine Küche und ein Bad.	
Die Studentin	sucht	ein Zimmer.	
Sie	ruft	ihre Freundin	an.

3. Subjekt und Dativergänzung

| Das Bild | gehört | meinem Freund. |
| Elena | gefällt | mir. |

4. Subjekt und Dativergänzung + Akkusativergänzung

| Herr Probst | verkauft | den Touristen | Eintrittskarten. |
| Er | erzählt | ihnen | etwas über Bern. |

1. Bedeutung „geben und nehmen": geben, nehmen, (mit)bringen, kaufen, verkaufen, ausleihen
2. Bedeutung „informieren": sagen, erzählen, schreiben, erklären, vorlesen, zeigen

DATIVERGÄNZUNG: Person   AKKUSATIVERGÄNZUNG: Sache

5. Subjekt und lokale Situativergänzung

Herr Probst	wohnt	in einem Turm.
Die junge Ausländerin	lebt	auf dem Land.

VERB

SUBJEKT	LOKALE SITUATIVERGÄNZUNG
Wer? oder Was?	Wo?

Personalpronomen (1): Nominativ, Akkusativ, Dativ

→Ü22 – Ü26, Ü30 – Ü31

● Ist es im Zentrum für dich/Sie zu laut?
○ Ja, für mich ist es zu laut.

● Ist es auch für euch/Sie zu laut?
☐ Nein, für uns ist es nicht zu laut.

Der Student wohnt auf dem Land;
für ihn ist es im Zentrum zu laut.

Die Studenten wohnen auf dem Land;
für sie ist es im Zentrum zu laut.

Die junge Frau wohnt am Stadtrand;
für sie ist es dort nicht zu laut.

Viele Familien wohnen am Stadtrand;
für sie ist es dort nicht zu laut.

SINGULAR		
NOMINATIV	AKKUSATIV	DATIV
ich	mich	mir
du	dich	dir
Sie	Sie	Ihnen
er	ihn	ihm
es	es	ihm
sie	sie	ihr

PLURAL		
NOMINATIV	AKKUSATIV	DATIV
wir	uns	uns
ihr	euch	euch
Sie	Sie	Ihnen
sie	sie	ihnen

● Wie gefällt dir/Ihnen die Wohnung?
○ Mir gefällt sie sehr gut.

● Und wie gefällt sie euch/Ihnen?
☐ Uns gefällt sie nicht.

Der Student wohnt auf dem Land;
da gefällt es ihm.

Die Studenten wohnen auf dem Land;
da gefällt es ihnen.

Die junge Frau wohnt am Stadtrand;
da gefällt es ihr.

Viele Familien wohnen am Stadtrand;
da gefällt es ihnen.

Dativ- und Akkusativergänzung: Stellung im Satz

→Ü27 – Ü29

Elena und Heinz	zeigen	der Freundin	die Wohnung.
Elena und Heinz	zeigen	ihr	die Wohnung.
Elena und Heinz	zeigen	sie	der Freundin.
		⚠ Pronomen!	
Elena und Heinz	zeigen	sie	ihr.
		⚠ Pronomen!	

SUBJEKT	VERB	ERGÄNZUNGEN

Der Ballon

1 Zwei Mädchen – zwei Pferde

A1

Describing people

Look at the photo. How old are the girls?

A2

Describe the picture.

A3

Wie heißen die Pferde, wie die Mädchen? Kann Vanja sprechen? Wie?

→Ü1 – Ü3

Links Marco – rechts Vanja. In der Mitte die beiden Freundinnen: Karin und Jenny. Marco ist dunkel, groß und stark; er gehört Karin. Vanja ist klein und schnell; sie gehört Jenny schon seit drei Jahren. Die beiden kennen sich ganz genau. Jenny behauptet: „Vanja versteht alles, und sie kann auch sprechen. Ich frage sie: ‚Wollen wir heute über die Felder reiten?' Und manchmal wiehert sie, das heißt ‚Ja!' Und manchmal schüttelt sie den Kopf, das heißt ‚Nein!'"

2 Jenny

A4

Vermutungen äußern

Look at the photo and read the text. Why is Jenny painting? What do you think?

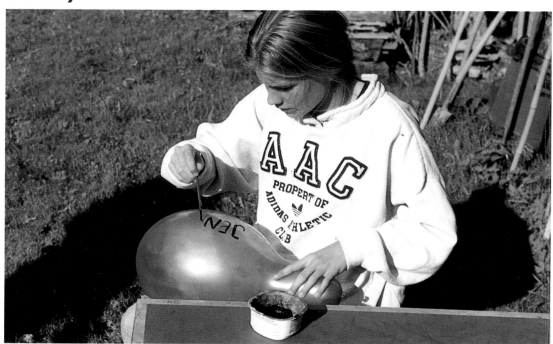

Jenny ist blond, Jenny ist jung: vierzehn Jahre alt. Sie lebt auf einem Bauernhof in Niederbayern. Reiten ist ihr Hobby. Sie malt ihren Namen und ihre Adresse auf einen Luftballon.

9

3 Der Ballon

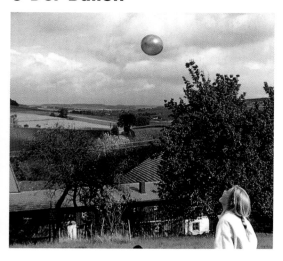

Das Wetter wechselt schnell: erst Regen, dann Sonne. Jenny steigt auf den Hügel hinter dem Bauernhof. Der Wind weht, und das ist gut für ihren Plan. Sie startet ihren Ballon.
Er steigt schnell und fliegt weit über das Land nach Osten. Bald sieht sie ihn nicht mehr.

A5

Describing the landscape and the weather

Wo steht Jenny? Beschreiben Sie den Himmel und die Landschaft.

A6

What is happening here?

→Ü4 – Ü12

4 Der Brief

Nach fünf Tagen bekommt Jenny einen Brief:

A7

Identifying languages and content

a) Where does the letter come from?
b) What do you understand?

Jenny versteht nur drei Wörter: „Ahoj", „Jenny", „balónek". Und unten ist eine Zeichnung: Philippsreut – da ist die Grenze zwischen Deutschland und der Tschechischen Republik. Dann ist der Ballon also über die Grenze geflogen – toll! „Zdenky a Honzy", das sind bestimmt zwei Namen. Jungennamen? Mädchennamen?
Die beiden wohnen vielleicht in Volary und haben den Ballon gefunden!

A8

Was versteht Jenny? Was vermutet sie?

A9

Listen to Jenny's monolog and take notes.

A5	Wie ist das Wetter?	–	Es regnet (nicht). Es ist (nicht) kalt. Die Sonne scheint (nicht). Am Himmel sind dunkle Wolken. Es kommt ein Gewitter.
A10	Was heißt denn das? Ich versteh überhaupt nichts.	–	„Balónek", das heißt bestimmt „Ballon". Ich glaube, das ist Tschechisch.

A10

Listen to Jenny's conversation with a Czech speaking friend. What is in the letter?

→Ü13 – Ü17

5 Der Traum

**Describing
a travel route**

Read the text.
What does Jenny
see in her dream?

➔Ü18 – Ü21

(23)

Jenny sieht die Wolken am Himmel und träumt:
Sie reitet mit Karin nach Osten zur Grenze.
Die Reise dauert bestimmt eine Woche hin und
zurück. Darum nehmen sie ihre Schlafsäcke mit.
Karin reitet links, Jenny rechts. Der Weg ist gut,
das Wetter ist schön. Sie lachen und reden und
freuen sich.
Ein schöner Traum ...

Sie kommen an die Donau. Hier ist keine
Brücke. Eine kleine Fähre bringt sie über den
Fluss. Und weiter geht die Reise durch den
Bayerischen Wald: Wälder, Hügel, und die
Sicht ist weit.
Es ist Oktober, die Blätter sind schon gelb, rot,
braun, orange. Die Wiesen sind noch ganz
grün.

Philippsreut, hier ist die Grenze. Hier ist
Deutschland zu Ende, und die Tschechische
Republik beginnt. „Los Marco, los Vanja!
Weiter, immer weiter! Bald sind wir da!"

„Přivázali jsme na strom –". Schau, da hängen
ja viele Ballons! Haben Zdenky und Honzy die
aufgehängt? Wo sind die beiden?

| **A11** Wohin reiten die beiden? | – Nach Osten zur Grenze. An die Grenze. Durch den Bayerischen Wald. |
| Wie sieht die Landschaft aus? | – Die Blätter sind schon gelb. Die Wiesen sind noch grün. Sie sehen Wälder und Hügel. |

6 Jennys Brief an Karin

A12

Talking about a trip

Lesen Sie den Brief. Vergleichen Sie mit dem Traum (S. 58).
Was ist anders? Vergleichen Sie die Verben.

(24)

A13

Jenny hat eine Idee; was denkt sie wohl?

→Ü22 – Ü28

(25)

Hallo Karin!

Ich habe einen Riesentraum gehabt. Ich habe dir doch von dem Ballon erzählt und von dem Brief. – Ich habe geträumt: Wir beide sind da hingeritten. Wir haben unsere Schlafsäcke mitgenommen, denn der Weg ist weit; und der Ritt hat mehrere Tage gedauert.

Zuerst sind wir an die Donau gekommen. Da war keine Brücke, aber eine kleine Fähre; die hat uns über den Fluss gebracht. Danach sind wir durch den Bayerischen Wald geritten. Es war Oktober, und die Blätter waren schon gelb, braun, rot, orange. Aber die Wiesen waren noch grün.

In Philippsreut sind wir an die tschechische Grenze gekommen. Von da war es nicht mehr weit bis Volary. In Volary haben wir viele Luftballons an einem Baum gesehen. Wir haben uns gewundert: Haben Zdenka und Honza die aufgehängt? Leider haben wir die beiden nicht gefunden, denn plötzlich war der Traum zu Ende. Schade!
Aber ich habe eine Idee!

7 Aussprache

A14

▷ S. 113 (B)

Konsonanten: p, b, t, d, k, g

a) Lesen Sie
halblaut mit.
b) Sprechen Sie
die Beispiele.
→Ü29 – Ü31

[p] ← **P**artner
Gru**pp**e
gel**b**, (er) le**b**t

[t] ← **T**ext
bi**tt**e
Sta**dt**
Theater
un**d**

[k] ← **K**affee
Frühstü**ck**
Chor
Ta**g**, (er) fra**g**t

Paris / Suppe / Verb
(sie) bleibt

Tür / Bett / Thema
Bild / Land

Kultur / Glück
Mittag / (sie) sagt

[b] —— ha**b**en

[d] —— **D**ialog

[g] —— **g**ut

Büro / leben

Länder / reden

Glas / sagen

A15

▷ S. 115 (F)

Sprechpausen und Interpunktion

Sprechpausen

a) Hören Sie den
Text. Achten Sie
auf große/kleine
Sprechpausen.

Aus Jennys Traum

Karin und Jenny reiten nach Osten. Der
Weg ist gut, das Wetter ist schön. Ist es noch
weit bis zur Grenze? Jetzt sind sie schon an
der Donau. Hier ist keine Brücke; eine
kleine Fähre bringt sie über den Fluss.

Die Reise geht weiter durch den Bayerischen
Wald, immer nach Osten. Es ist Oktober –
die Blätter sind schon bunt, die Wiesen sind
noch ganz grün. Karin und Jenny lachen und
reden und freuen sich.

b) Hören Sie die
Beispiele und
sprechen Sie mit.
c) Lesen Sie den
Text vor.
d) Lesen Sie auch
die Texte von A3
und A5.

→Ü33

Der Weg ist gut, | das Wetter ist schön! || Ist es noch weit bis zur Grenze? ||

Hier ist keine Brücke; | eine kleine Fähre bringt sie über den Fluss. ||

Es ist Oktober – || die Blätter sind schon bunt. ||

Eine **große Pause** || macht man nach den Satzzeichen: **.** oder **?** oder **!** oder **–** oder **:**

Eine **kleine Pause** | macht man nach den Satzzeichen: **,** oder **;**

8 Wortschatz

einen Brief bekommen
lesen und übersetzen
träumen
einen Brief schreiben
weiterreiten
viele Luftballons sehen
reiten
lachen
aufhängen
an die Grenze kommen
PENG!
finden
über den Fluss bringen
zu Ende sein
sich wundern
sich freuen
fallen
nicht finden
fliegen
mehrere Tage dauern
steigen
an einen Fluss kommen
starten

A16

Word spiral

a) Read the verbs and other words out loud.
b) Pick out subjects that fit.
c) Tell the story.

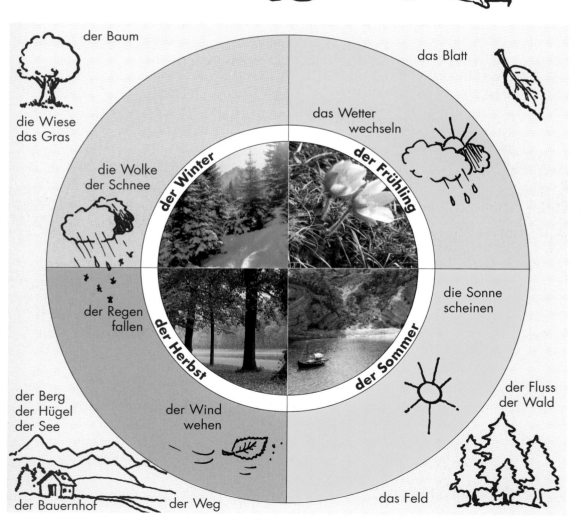

der Baum
das Blatt
die Wiese das Gras
das Wetter wechseln
die Wolke der Schnee
der Winter
der Frühling
der Regen fallen
der Herbst
die Sonne scheinen
der Berg der Hügel der See
der Sommer
der Wind wehen
der Fluss der Wald
der Bauernhof
der Weg
das Feld

A17

Word circle: "Natur"

a) Read the words in the three circles.
b) Imagine a picture for each word.

A18

When is it?
What's the weather like?
Choose the words that fit each sound.

9 Grammatik

→Ü13, Ü22 **Perfekt: Bedeutung und Gebrauch**

Das ist **jetzt:**

Jenny träumt: Sie reitet mit Karin nach Osten. Sie lachen und reden und freuen sich. Sie kommen an die Donau. Eine Fähre bringt sie über den Fluss. Dann reiten sie weiter bis nach Volary …

Das erzählt Jenny **später:**

„Ich habe geträumt: Ich bin mit Karin nach Osten geritten. Wir haben gelacht und geredet und haben uns gefreut.
Wir sind an die Donau gekommen. Eine Fähre hat uns über den Fluss gebracht. Dann sind wir weiter bis nach Volary geritten …"

Hallo Karin!
Ich habe einen Riesentraum gehabt.
Ich habe dir doch von dem Ballon er-
zählt und von dem Brief. – Ich habe
geträumt: Wir beide sind da hinge-

→Ü14 **Perfekt: Satzklammer**

	„haben/sein"		PARTIZIP II	
Ich	habe	einen Traum	ge-hab	-t .
Ich	habe	dir doch von dem Brief	erzähl	-t .
Wir	sind	nach Volary	ge-ritt	-en .
Wir	haben	unsere Schlafsäcke	mit-ge-nomm	-en .
Der Ritt	hat	mehrere Tage	ge-dauer	-t .
Wir	sind	zuerst an die Donau	ge-komm	-en .
Die Fähre	hat	uns über den Fluss	ge-brach	-t .
Wir	haben	in Volary viele Ballons	ge-seh	-en .

SATZKLAMMER

→Ü15 – Ü17, Ü23 – Ü24

Partizip II: regelmäßige Verben

Infinitiv:	Partizip II:		
haben	ge-	hab	-t
träumen	ge-	träum	-t
erzählen		erzähl	-t
	ge-	PRÄSENS-STAMM	**-t**

Partizip II: unregelmäßige Verben

Infinitiv:		Partizip II:	
sehen		ge-	seh	-en
reiten		ge-	ritt	-en
mitnehmen	mit-	ge-	nomm	-en
		ge-	PERFEKT-STAMM	**-en**

⚠ bringen: ge- brach **-t**
denken: ge- dach **-t**

Partizip II: Formen

→Ü15 – Ü17,
Ü22 – Ü24

<u>Typ 1: Verben ohne Präfix</u>

Infinitiv:	Partizip II:
fragen	ge - frag - t
gehen	ge - gang - en

ge - STAMM -⟨ t / en

<u>Typ 2: Verben mit trennbarem Präfix</u>

Infinitiv:	Partizip II:
einkaufen	ein - ge - kauf - t
wegfliegen	weg - ge - flog - en

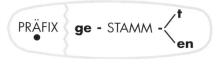

PRÄFIX ge - STAMM -⟨ t / en

<u>Typ 3: Verben mit nicht trennbarem Präfix + Verben mit der Endung „-ieren"</u>

Infinitiv:	Partizip II:
erzählen	erzähl - t
bekommen	bekomm - en

Infinitiv:	Partizip II:
telefonieren	telefonier - t
markieren	markier - t

PRÄFIX + STAMM -⟨ t / en

Perfekt mit „haben" oder „sein": Konjugation

→Ü25

	PERFEKT mit „haben"			PERFEKT mit „sein"		
SINGULAR						
ich	habe	den Ballon	gefunden	bin	weit	geritten
du	hast	den Ballon	gefunden	bist	weit	geritten
Sie	haben	den Ballon	gefunden	sind	weit	geritten
er es sie	hat	den Ballon	gefunden	ist	weit	geritten
PLURAL						
wir	haben	den Ballon	gefunden	sind	weit	geritten
ihr	habt	den Ballon	gefunden	seid	weit	geritten
Sie	haben	den Ballon	gefunden	sind	weit	geritten
sie	haben	den Ballon	gefunden	sind	weit	geritten
	PRÄSENS von **„haben"**	+	PARTIZIP II	PRÄSENS von **„sein"**	+	PARTIZIP II

Die meisten Verben
bilden das Perfekt mit „haben".

Verben mit der Bedeutung
‚Bewegung zu einem Ziel' bilden
das Perfekt mit „sein".

⚠ sein:　　ich **bin gewesen**
　　bleiben: ich **bin geblieben**

Reisen

1 Wie komme ich mit dem Auto von Haarbach nach Volary?

 A1

Geographische Orientierung

a) In which direction does the Donau flow?
b) Where is the Czech border?

 A2

There are many place names with -au, -bach, -berg, -burg. Write down all you can find.

 A3

Find Haarbach, Philippsreut, and Volary.

 A4

Read the description of the route and follow it on the map.

A5

Find an alternative route from Haarbach to Volary and describe it.

→ Ü1 – Ü8

Fahren Sie von Haarbach über Aidenbach nach Vilshofen.
In Vilshofen fahren Sie auf die Bundesstraße 8 Richtung Passau, dann immer geradeaus. Biegen Sie in Passau links ab auf die Bundesstraße 12 Richtung Freyung. Die Bundesstraße 12 führt über Freyung nach

Philippsreut. Hinter der Grenze, in Tschechien, hat die Straße eine andere Nummer: 4. Fahren Sie auf der Straße Nummer 4 Richtung Horni Vltavice. Noch vor Horni Vltavice biegen Sie rechts ab Richtung Volary. Bis Volary sind es dann nur ein paar Kilometer.

A1	Wie fließt die Donau? Wo fließt die Donau?	– Die Donau fließt von … nach … . Sie fließt durch Passau nach … .
A4 A5	Wie komme ich nach …, bitte?	– Fahren Sie von H. über A. nach V. Biegen Sie in P. auf die Straße nach F. ab. Fahren Sie auf der Straße Nr. … bis … .

2 Rundflug

● Wir machen einen Rundflug!

○ Kannst du denn fliegen?

● Na klar! Ich bin schon oft geflogen.

○ Ganz allein?

● Natürlich! Warum fragst du? Hast du etwa Angst?

○ Wohin fliegen wir denn?

● Über Oldenburg nach Wilhelmshaven, dann rechts rüber nach Bremerhaven, und dann die Weser entlang bis Bremen.

○ Dauert das lange?

● Ungefähr eineinhalb Stunden.

○ So lange?

  …

● Schau mal, die Weser – schön was?

○ Wo?

● Mensch, bist du blind? Direkt unter uns!

○ Fliegen wir jetzt zurück?

● Da, schau mal, ein Schiff!

  …

● He, was ist mit dir?

  …

A6

Read the dialog.
a) Reiner is afraid: What is he saying? How is he speaking?
b) Why is he flying with Sabine?

A7

a) Role-play the dialog and complete it.
b) How does the story continue?

A8

Zeitdauer und Zeitablauf

Was erzählt Reiner abends seinen Freunden?

→ Ü9 – Ü10

A7	Wie lange dauert der Flug?	– Ungefähr … Stunden/Minuten. Der dauert ungefähr/etwa/circa … .
	Wo ist die Weser?	– Da, direkt unter uns. Da drüben/rechts.
A8	Was ist dann passiert?	– Zuerst …, dann …, danach …, später … .

3 Platzkarte

Bielefeld Hbf
→ **Frankfurt(Main)Hbf**

ab	Zug		Umsteigen	an
3.43	D	1948	Dortmund Hbf	4.46
4.51	SE	7403	Altenbeken	6.00
			KS-Wilhelmsh.	7.05
5.28	SE	3064	Hamm(Westf)	6.17
5.47	SE	8115	Minden(Westf)	6.22
			Hannover Hbf	7.12
6.38	IC	643	☕ Hannover Hbf	7.34
6.49	EC	103	✕ Köln Hbf	8.50
7.47	ICE	641	✕ Hannover Hbf	8.37
7.52	EC	9	✕ Hamm(Westf)	8.17
8.45	IR	2447	⑪ Hannover Hbf	9.43
8.49	IC	548	✕ Köln Hbf	10.50
9.10	IC	545	✕ Hannover Hbf	10.00

A9

Traveling by train

a) Why is the man going to travel first class?
b) Spielen Sie den Dialog.
c) Variieren Sie den Dialog.

→ Ü11

● Eine Rückfahrkarte nach Frankfurt am Main, bitte.

○ Wann fahren Sie?

● Heute hin, Samstag zurück.

○ Also Sparpreis. Sie fahren IC?

● Ja, bitte. Brauche ich eine Platzkarte?

○ Die Züge sind sehr voll. Ferienanfang! Welchen Zug nehmen Sie?

● Den um 8 Uhr 49.

○ Das ist jetzt zu spät für eine Reservierung!

● Und die Züge sind sehr voll, sagen Sie?

○ Ja, besonders heute und morgen, da beginnen die Ferien.

● Dann fahre ich erster Klasse. Die ist bestimmt nicht so voll – oder?

○ Nicht so voll wie die zweite Klasse. Also Rückfahrkarte erster Klasse. – 405 Mark, bitte.

● Ist das auch der Sparpreis?

○ Ja, der ist reduziert.

A10

Sehen Sie das Bild an:
Was ist hier los?
a) Was sagt der Mann mit dem Hut wohl?
b) Was machen die anderen Personen?

● Ich will einen Sitzplatz!
○ Haben Sie reserviert?
● Ich habe doch erster Klasse bezahlt!
○ Haben Sie eine Platzkarte?
● Hier ist meine Fahrkarte.
○ ...

A11

Schreiben und spielen Sie einen Dialog.

→ Ü12 – Ü16

A9	Wann fährt der nächste Zug nach ...?	– Um ... Uhr ... .
	Muss ich reservieren?	– Ja/Nein, ...
	Einfach / Hin und zurück, bitte.	– Das kostet/macht ... Mark.
	Eine Rückfahrkarte, bitte.	
	Erster/Zweiter Klasse, bitte.	
	Ist der Preis reduziert? / Gibt es einen Sparpreis?	

4 Lieber mit der Bahn

Hamburg, 20.7.

Lieber Yin,
nach Köln fahren wir besser heut dem Auto. Die Bahnfahrt ist sehr teuer für 2 Personen. Was meinst du? Die Strecke (ca. 450 km) schaffen wir wohl in 5-6 Stunden.
Melde dich kurz!
Herzliche grüße
Susanne

Liebe Susanne,
danke für deinen Brief.
Ich habe einen anderen
Vorschlag! Fahren wir

2.⁰⁰ Uhr

19.⁰⁰ Uhr

Ein einzigartiges Angebot.

Der Abend ist gerettet. Mit dem Guten-Abend-Ticket der Bahn fahren Sie sensationell günstig – von 19 Uhr abends bis 2 Uhr morgens (Abfahrts-/Ankunftszeit). Umsteigen, so oft Sie wollen. Kilometer, so viel Sie schaffen. Quer durch Deutschland. 1. oder 2. Klasse.

Das Angebot für flexible Leute:
durch ganz Deutschland ab DM **59,–**

Mit dem Auto bequem und schnell.

Viel zu teuer für zwei Personen.

Wann gilt dieser Preis?

Dann kommen wir nicht mehr bis nach Köln.

Ach so, …

Sehr weit: 450 km! Staus auf der Autobahn. Besser mit der Bahn.

Nein, Sonderpreis: 59 Mark!
Am Abend ab 19 Uhr.
Doch, das Ticket gilt bis 2 Uhr nachts.

A12

Comparing means of transportation

Warum will Susanne mit dem Auto fahren?

A13

Yin will lieber mit der Bahn fahren. Warum wohl?

A14

a) When can you travel with this ticket?
b) How far can you travel with it? ·

A15

a) Schreiben Sie das Telefongespräch.
b) Spielen Sie das Gespräch.

→ Ü17 – Ü27

5 Aussprache

 A16

Konsonanten: f, ph, v, w, s, ß, sch   ▷ S. 113 (B)

Konsonanten unterscheiden

a) Lesen Sie halblaut mit.

b) Sprechen Sie die Beispiele.

→ Ü28 – Ü33

[f] < **F**rau / Ka**ff**ee / Al**ph**abet / **v**ier

fliegen / öffnen / von

[v] < **W**ort / **V**okal

Weg / Klavier

[s] < Hau**s** / Ca**ss**ette / hei**ß**en

Kurs / Klasse / Straße

[z] —— **S**eite

reisen / Süden

[ʃ] —— **Sch**ule

Deutsch / schön

[ʃt] —— **St**udentin

Stadt / verstehen

[ʃp] —— **sp**rechen

Sport / spielen

 A17

Mit Freude/ Angst sprechen

a) Hören Sie die Texte.
b) Lesen Sie die Texte vor. Spielen Sie die Situation.

Sprechausdruck

Fliegen, ein Vogel sein! Fliegen ist einfach wunderbar! Reiner, wir haben Glück mit dem Wetter, man kann alles sehen. Schau mal, da unten ist die Weser! Wir fliegen jetzt weiter die Weser entlang bis nach ...
He, Reiner, du sagst ja gar nichts ...

Ah, ... doch, man kann wirklich viel sehen von hier oben. Ja, ... äh ... die Weser, die Landschaft, Häuser .... Wie hoch sind wir denn?? Dauert es ... äh ... noch lange? Weißt du, ... Sabine, es ist wirklich schön, ... aber eigentlich möchte ich jetzt ... äh ... lieber zurück!

6 Wortschatz

 A18

Ein Gedicht hören, lesen und variieren

a) Woran denken Sie beim Hören?
b) Was heißt „Wanderung"?

 A19

a) Write a poem. Look for words on the page to the right and find a fitting title.
b) Read your poem to the class. The others should try to guess the title.

wanderung

vom vom   zum zum
vom zum   zum vom

von vom zu vom

vom vom   zum zum

von zum zu zum

vom zum   zum vom
vom vom   zum zum

und zurück

(Ernst Jandl)

ꞵꞵꞵꞵꞵꞵꞵꞵꞵꞵꞵꞵ

von *ꞵꞵꞵꞵ* zu *ꞵꞵꞵꞵꞵꞵ*
von *ꞵꞵꞵꞵ* zu *ꞵꞵꞵꞵꞵꞵ*

von *ꞵꞵ* zu *ꞵꞵꞵꞵ*

von *ꞵꞵꞵꞵ* zu *ꞵꞵꞵꞵꞵꞵ*

von *ꞵꞵ* zu *ꞵꞵꞵꞵ*

von *ꞵꞵꞵꞵ* zu *ꞵꞵꞵꞵꞵꞵ*
von *ꞵꞵꞵꞵ* zu *ꞵꞵꞵꞵꞵꞵ*

und zurück

der Bahnhof	fahren	das Abteil
die Fahrkarte	die Bahnfahrt	zweite(r) Klasse fahren
der Fahrplan	der Schaffner	erste(r) Klasse fahren
der Bahnsteig	der Sitzplatz	der Speisewagen
der Zug	reservieren	ankommen
einsteigen	umsteigen	die Ankunft
abfahren		aussteigen
die Abfahrt		

das Auto	die Wegbeschreibung	schnell fahren
die Fahrt	die Straße	überholen
losfahren	die Bundesstraße nehmen	der Stau
die Strecke	die Straße führt nach …	langsam fahren
schaffen	die Autobahn	stoppen
zwei Stunden brauchen	die Richtung	Zeit verlieren
	geradeaus fahren	weiterfahren
	abbiegen	

reisen	fliegen
die Reise	der Flughafen
eine Reise machen	das Ticket
das Reisebüro	das Flugzeug
planen	starten
	landen
	der Flug

A20

Wort-Gruppen: „Reisen"

a) Lesen Sie immer eine Wort-Gruppe.
b) Suchen Sie eine passende Überschrift.
c) Wiederholen Sie alle Wort-Gruppen nach 2–3 Tagen.

A21

Wort-Gruppen wiederholen:
a) Suchen Sie pro Wort-Gruppe ein Bild, eine Situation oder einen Text.
b) Ergänzen Sie passende Wörter.
c) Vergleichen Sie Ihre Bilder, Situationen und Texte.

7 Grammatik

→Ü6 – Ü7

Präpositionen (1)

Sabine kommt **aus** Bremen. Sie kann **seit** einem Jahr fliegen, Sie fährt **mit** ihrem Freund **zum** Flughafen. Sie fliegen **mit** dem Flugzeug **nach** Wilhelmshaven. **Vom** Flugzeug haben sie eine schöne Aussicht.

Nach einer Stunde landen sie. Reiner geht es nicht gut **beim** Rundflug. Er hat Angst. „Morgen fliegen wir **in** die Schweiz, **nach** Zürich", lacht Sabine.

NAME OHNE ARTIKEL			SUBSTANTIV MIT ARTIKEL-WORT		
aus	Bremen		**seit**	ein**em**	Jahr
nach	Wilhelmshaven		**mit**	ihr**em**	Freund
PRÄPOSITION + NAME			**PRÄPOSITION** + **KASUS-SIGNAL** + SUBST.		

→Ü10, Ü20

a) Präpositionen mit Dativ

aus, bei, mit, nach, seit, von, zu ➡	IMMER MIT **DATIV**
zum Flughafen ← **zu** dem Flughafen	**zur** Grenze ← **zu** der Grenze
bei, von, zu + dem → **beim, vom, zum**	**zu** + der → **zur**

→Ü18 – Ü19,
Ü24 – Ü26

b) Wechselpräpositionen: mit Akkusativ oder Dativ

Jenny ist **auf** den Hügel **hinter** dem Bauernhof gestiegen. Der Wind weht. Sie steht **auf** dem Hügel und hat gerade ihren Ballon gestartet. Er ist jetzt **über** dem Bauernhof

und steigt **in** die Höhe. Bald kann Jenny den Ballon nicht mehr sehen. Er fliegt sehr weit, **über** die Grenze, **in** die Tschechische Republik.

Wohin steigt der Ballon? – **In** die Höhe.
Wohin fliegt er? – **Über** die Grenze.

Wo steht Jenny? – **Auf** dem Hügel.
Wo ist der Ballon? – Hoch **über** dem Bauernho

Wohin?

RICHTUNG / BEWEGUNG

Wo?

POSITION/
RUHE

1a) Jenny geht **hinter** das Haus.
2a) Jenny kommt wieder **vor** das Haus.

1b) Sie ist jetzt **hinter** dem Haus.
2b) Jetzt steht sie **vor** dem Haus.

3a) Sabine und Franz fliegen **über** die Weser. 3b) Das Flugzeug ist genau **über** der Weser.
4a) Das Schiff fährt jetzt **unter** die Brücke. 4b) Das Schiff ist gerade **unter** der Brücke.

5a) Giovanna geht **ins** Klassenzimmer. 5b) Sie ist jetzt **im** Klassenzimmer.
6a) Sie stellt die Tasche **auf** den Tisch. 6b) Ihre Tasche steht **auf** dem Tisch.
7a) Sie hängt ihren Mantel **an** die Wand. 7b) Ihr Mantel hängt **an** der Wand.

8a) Giovanna legt die Bücher **neben** die Tasche. 8b) Die Bücher liegen **neben** der Tasche.
9a) Sie legt den Füller **zwischen** die Tasche und die Bücher. 9b) Der Füller liegt **zwischen** der Tasche und den Büchern.

in, an, auf, vor, hinter, über, unter, neben, zwischen

Wohin? MIT **AKKUSATIV**   **Wo?** MIT **DATIV**

ins Klassenzimmer ← **in** das Klassenzimmer   **im** Klassenzimmer ← **in** dem Klassenzimmer

| **in, an, auf** + das → **ins, ans, aufs** | **in, an** + dem → **im , am** |

NAME/SUBSTANTIV MIT ARTIKEL	NAME OHNE ARTIKEL
„Morgen fliegen wir **in** die Schweiz,	**nach** Zürich!"
in + AKKUSATIV	**nach** + NAME

Florenz an der Elbe

1 Eine Stadt im Wandel

A1

Getting to know a city

Look at all of the pictures. Match the noise to the correct picture.

Dresden: Altstadt-Panorama, 1990

A2

Suchen Sie die Gebäude auf dem Foto.

→Ü1

Schiffe auf der Elbe. Der Fluss ist breit. Drüben die Brühlsche Terrasse mit Bäumen, in der Mitte der Landtag, dahinter das Schloss und seine Türme. Davor steht die Hofkirche. Die Augustusbrücke verbindet die Altstadt mit der Neustadt. Ganz rechts, hinter der Augustusbrücke, ist die Semper-Oper. Alle Gebäude und die Brücke sind aus Stein, teils grau, teils schwarz. Nur die Oper ist neu restauriert und hellbraun. Vorne der Fluss, dahinter die Silhouette einer Stadt mit einigen Ruinen und Baustellen: die Altstadt.

A3

Wie finden Sie das Gemälde von Kokoschka? Beschreiben Sie.

→Ü2

Dresden: Frauenkirche, 1990

Oskar Kokoschka: „Dresden-Neustadt (IV)", 1922

A4

a) What do people from Dresden think about the Frauenkirche?
b) Read the text by E. Kästner. What is he writing about? Which picture does the text fit best?

Auf dem Dresdner Neumarkt steht die Frauenkirche: eine Ruine auf einem großen Platz. Eine Ruine und eine Baustelle – die Frauenkirche entsteht wieder.
Die Frauenkirche ist für viele Dresdner ein Symbol für ihre Stadt. Für andere war die Ruine das bessere Symbol.

Der Schriftsteller Erich Kästner 1953 über seine Stadt Dresden:

Ja, Dresden war eine wunderbare Stadt. Ihr könnt es mir glauben. Und ihr müsst es mir glauben. Denn die Stadt Dresden gibt es nicht mehr. Sie ist, bis auf einige Reste, vom Erdboden verschwunden. [...] Das geschah am 13. Februar 1945.

Dresden: Prager Staße, 60er Jahre

Dresden: Prager Straße, 90er Jahre

A5

Wo liegt Dresden?
Woher kommt die
Elbe, wohin fließt
sie?
Suchen Sie auf
der Landkarte
(Seite 6–7).

Die Altstadt von Dresden, das Zentrum –
am 13. Februar 1945 in einer Nacht völlig
zerstört. Der neue Staat, die „Deutsche
Demokratische Republik (DDR)", baut nach
dem Krieg eine neue, sozialistische Großstadt. Ein Beispiel dafür ist die Prager Straße
aus den sechziger Jahren. Bis 1945 war sie
die wichtigste Einkaufsstraße Dresdens und
hatte die schönsten Geschäfte.

Jetzt ist die Prager Straße eine breite
Fußgängerzone. Es gibt große Hotels, Cafés
und Restaurants, Kinos und ein großes Einkaufszentrum. Seit der Vereinigung der DDR
mit der Bundesrepublik Deutschland 1990
verändert sich die Straße weiter. Es gibt viele
neue Geschäfte und Boutiquen; Gebäude
für Banken und Versicherungen entstehen:
Die „dritte Prager Straße" in 50 Jahren!

A6

What was the
Prager Straße?
What is it today?

→Ü3 – Ü8

Direkt an der Elbe liegt Schloss Pillnitz mit
einem großen Park und einer breiten Treppe
hinunter zum Wasser. Es ist sehr ruhig. Die
Stadt und der Fluss, Dresden und die Elbe,
sie gehören zusammen.

Im Zentrum ist viel los. Viele Menschen
gehen durch die Straßen, junge und alte.
Die meisten sind in Eile. Auf den Straßen
herrscht dichter Verkehr. An den Wänden
gibt es Graffiti. Eine Stadt wie jede andere?

A7

a) What would you
most like to see in
Dresden?
What are you
interested in?
b) What would you
like to know about
Dresden?
Take notes and
compare.

A6 Bis 1945 war die Prager Straße die wichtigste Einkaufsstraße von Dresden. Sie hatte die schönsten Geschäfte.	Heute ist sie eine breite Fußgängerzone. Heute gibt es dort auch Hotels und Banken.

2 Der „Sachsenmarkt"

 A8

Shopping at the market

a) Wie gefällt Ihnen der Markt auf dem Foto?
b) Was für Märkte kennen Sie?

 A9

Was machen die Menschen auf dem „Sachsenmarkt"?

→Ü9

„Treffen wir uns am Freitag auf dem Sachsenmarkt", schlägt Dagmar B. vor. Dagmar ist Dresdnerin, sie lebt und arbeitet hier. Ihre zwei Kinder sind schon erwachsen und aus dem Haus.

„Ich gehe gern auf den Markt", erzählt sie weiter, „Märkte sind neu für uns. Da treffen sich viele Leute. Kunden und Händler kommen miteinander ins Gespräch.

Die Leute schauen sich um, gehen von einem Marktstand zum anderen, vergleichen die Angebote, kaufen ein. Sie reden, stehen zusammen, trinken ein Glas Bier oder zwei. Sie unterhalten sich über schöne und weniger schöne Dinge. Das gefällt mir", meint Dagmar. „Das ist einfach mehr als nur einkaufen."

 A10

a) Was machen die vier Personen auf dem Markt?
b) Was finden die Kunden gut?

 A11

a) Verstehen Sie Sächsisch?
b) Lesen Sie die Texte. Hören Sie noch einmal. Was verstehen Sie jetzt?

„Ich wohne ca. 25 km von Dresden. Dort habe ich meine Imkerei. Jeden Freitag bin ich um Viertel vor sieben auf dem Markt. Dann baue ich meinen Stand auf. Hier verkaufe ich meinen Honig."
(Herr Rößler)

„Ich gehe meistens so um 9 Uhr auf den Markt, am liebsten gucken und mich umschauen. Das ist auch eine Abwechslung. Ich finde den Markt sehr gut – im Sommer sogar noch besser als jetzt im Winter."
(Frau Breitner)

"Die Kunden sagen, unser Gemüse und Obst ist frischer als in der Kaufhalle. Viele kommen nicht nur zum Einkaufen, sie wollen einfach reden. Ich höre zu und kenne ihre Probleme."
(Frau Schmid)

"Brot kaufe ich am liebsten bei diesem Bäcker hier. Ich kaufe auch Gemüse, Saft und Fleisch auf dem Markt. Alles ist frisch. Und man kennt sich. Aber es ist hier nicht billiger als im Geschäft."
(Annette)

A12

a) Was kann man auf dem Markt kaufen?
b) Kaufen Sie auch auf Märkten ein? Warum (nicht)?

→Ü10 – Ü13

3 Die Großkaufhalle

"Natürlich kaufen hier in Dresden nicht alle auf dem Sachsenmarkt ein", erzählt Dagmar weiter. "Ich übrigens auch nicht immer." Meistens kauft Dagmar in der Nähe von ihrer Wohnung ein. Dort sind ein paar kleine Geschäfte und ein richtiger alter Laden. Das ist am bequemsten. Da kann sie auf dem Weg von der Arbeit noch schnell ihre Einkäufe machen. Meistens ist dort auch die Bedienung sehr freundlich.
Aber einmal oder zweimal im Monat fährt

Dagmar doch mit dem Auto in eine Großkaufhalle, in einen Supermarkt. Da kauft man billiger ein als in den kleinen Geschäften; auch billiger als auf dem Markt. Aber die Supermärkte findet Dagmar nicht schön: Alles ist anonym, nicht persönlich, keine Gespräche, wenig Kontakte. Aber sie bekommt schnell alles für ihre Familie, für den Haushalt, und vor allem das Futter für Linus, die Katze.

A13

Möglichkeiten zum Einkaufen vergleichen

Wo kauft Dagmar ein? Was sagt sie über die verschiedenen Geschäfte? Machen Sie Notizen.

A14

Kontrollieren Sie Ihre Notizen und ergänzen Sie.

→Ü14

A9	Leute gehen auf den Markt und vergleichen Angebote / kaufen ein / unterhalten sich.
A10	Manche schauen sich nur um / suchen Abwechslung / wollen mit anderen reden. Herr Rößler ist Imker / fährt auf den Markt / verkauft seinen Honig.
A12	Die Waren auf dem Markt sind frisch / schmecken anders als im Supermarkt / kommen (direkt) aus der Umgebung (von ...).
A15	Wo kann man gut/preiswert einkaufen? — Im Supermarkt. / In einem Einkaufszentrum. In einem kleinen Geschäft / Fachgeschäft / "Tante-Emma-Laden".
	In welche Geschäfte gehen Sie (gern)? — In Bäckereien/Metzgereien ....

A15

Wo kaufen Sie ein? Wo kaufen Sie was? Vergleichen Sie.

→Ü15 – Ü19

A16

**Einen Laden von
außen und innen
beschreiben**

a) Schauen Sie die
Fotos an:
Was gibt es bei
Günter Otto?
b) Möchten Sie
dort gerne
einkaufen?
c) Sammeln Sie
Ihre Eindrücke.

 A17

Wo ist der Laden?
Wie alt ist er?
Was gibt es dort zu
kaufen?

→Ü20

4 Der Laden von Günter Otto

Ein kleiner Laden in der Dresdner Neustadt,
dem heute ältesten Stadtteil von Dresden. In
dem kleinen Laden von Herrn Otto kann man
(fast) alles bekommen. Die Regale sind bis
zur Decke voll von Lebensmitteln. Und das
Beste ist, es gibt immer ein freundliches,
nettes Wort dazu.
Der Laden ist sehr alt. Es ist der älteste Laden
in der Dresdner Neustadt. Die Leute sagen,
er war schon immer da. Und er hatte auch
schon in DDR-Zeiten fast alles!
Aber immer weniger Menschen kaufen hier
ein. Immer mehr fahren mit dem Auto zu den
großen Supermärkten am Stadtrand. Dort
kann man schneller und billiger einkaufen als
in den altmodischen kleinen Läden im Wohnviertel, sagen sie.

 A18

**Supermarkt oder
kleiner Laden?**
a) Notieren Sie
Vorteile/Nachteile.
b) Diskutieren Sie.

→Ü21 – Ü24

A16 Ich finde diesen Laden (viel) zu klein / zu alt / nicht so praktisch ...
A18 Kleine Läden sind (viel) praktischer/persönlicher/angenehmer als Supermärkte.
In einem kleinen Laden kann man nicht so schnell/billig/bequem einkaufen wie in
einem Supermarkt.
Kleine Geschäfte sind genauso wichtig/gut/bequem wie große.
Ein Supermarkt ist besser/billiger als .... .
Ich gehe am liebsten in .... . Da kann ich .... .

5 Aussprache

Konsonanten: ch, j, r

 S. 113 (B)

[ç] < ich / fertig   *nicht, China, ruhig, zwanzig*

[x] —— Buch   *auch, Nacht*

[j] —— ja   *Januar, jetzt*

[r] < hören / Rhythmus / Herr   *Regel, Wort treffen, groß*

A19

Konsonanten unterscheiden

a) Lesen Sie halblaut mit.
b) Sprechen Sie die Beispiele.

→Ü25 – Ü28

Literarische Texte

①

Umgangsformen

Mich ichze ich.
Dich duze ich.
Sie sieze ich.
Uns wirze ich.
Euch ihrze ich.
Sie sieze ich.

Ich halte mich an die Regeln.

(Kurt Marti)

②

für sorge

ich für mich
du für dich
er für sich
wir für uns
ihr für euch

jeder für sich

(Burkhard Garbe)

A20

Literarische Texte sprechen

a) Lesen Sie die Texte ① und ②. Welche Wörter verstehen Sie? Diskutieren Sie.
b) Hören und sprechen Sie.
c) Lernen Sie einen Text.

→Ü29

6 Wortschatz

A21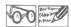

Collage „Lebensmittel"

Which food items can you find in the collage?
Take notes.

A22

Collect advertisements and make a collage.

---

das Mineralwasser • der Saft • das Bier • der Wein • der Kaffee • der Tee • die Milch •
die Butter • der Käse • der/das Joghurt • die Schokolade • der Zucker • das Mehl •
die Nudeln • der Reis • das Ei • das Brot • die Marmelade • der Honig • der Essig •
das Öl • das Salz • der Pfeffer • das Fleisch • die Wurst • der Fisch

7 Grammatik

→Ü6 – Ü8   **Adjektiv: Graduierung**

> *27. Juli*
>
> *Liebe Melina,*
> *nach ein paar Tagen in Berlin sind wir jetzt*
> *in Dresden.*
> *Die Stadt ist genauso interessant wie Berlin,*
> *aber viel kleiner als die Hauptstadt.*
> *In der Altstadt stehen die bekanntesten Gebäude*
> *von Dresden. Aber die Neustadt gefällt*
> *uns noch besser: Da ist das Leben*
> *am buntesten!*

a) Regelmäßig:

POSITIV	klein		stark	–
KOMPARATIV	klein-er		stärk-er	**-er-**
SUPERLATIV	der das die	klein-st-e	stärk-st-e	**-st-e**
	am	klein-st-en	stärk-st-en	**-st-en**

b) Adjektive mit -d, -t, -s, -ß, -sch, -z am Wortende:

weiß	alt	–
weiß-er	ält-er	**-er-**
weiß-est-e	ält-est-e	**-est-e**
weiß-est-en	ält-est-en	**-est-en**

c) Unregelmäßig:

POSITIV		gut	groß	hoch	⚠ **gern / lieb**	⚠ **sehr / viel**
KOMPARATIV	⚠ **besser**	größer	⚠ **höher**	lieber		⚠ **mehr**
SUPERLATIV	der das die	⚠ **beste**	⚠ **größte**	⚠ **höchste**	liebste	⚠ **das meiste**
	am	⚠ **besten**	⚠ **größten**	⚠ **höchsten**	liebsten	⚠ **meisten**

→Ü15 – Ü16   **Vergleich (1)**

1. Kleine Geschäfte sind **(genau)so wichtig**   **wie** große.

2. Dresden ist   **(genau)so bekannt**   **wie** Berlin.

> … „(genau)so" + POSITIV + „wie" …

11

Vergleich (2)

→Ü15 – Ü16,
Ü22 – Ü24

1. Im Supermarkt kauft man **billiger** **als** auf dem Markt.

2. Auf dem Markt sind die Waren **frischer** **als** in der Kaufhalle.

3. Hier ist die Atmosphäre **persönlicher als** im Supermarkt.

… KOMPARATIV + „als" …

Vergleich (3)

→Ü20 – Ü21,
Ü24

1. Die Prager Straße ist **die bekannteste** Einkaufsstraße von Dresden.

2. Dort sind **die schönsten** Geschäfte.

3. Die Neustadt ist **der älteste** Stadtteil von Dresden.

… BEST. ARTIKEL + SUPERLATIV + SUBSTANTIV

Vergleich (4)

→Ü20, Ü22

1. Auf dem Markt kaufe ich **am liebsten**.

2. Hier schmeckt das Gemüse **am besten**.

3. Hier kostet es aber auch **am meisten**.

… „am" + SUPERLATIV

Präteritum (1): „haben" und „sein"

→Ü4 – Ü5

„Dresden war eine wunderbare Stadt",
schreibt der Schriftsteller Erich Kästner,
„die Stadt Dresden gibt es nicht mehr."

Die Prager Straße war bis 1945 die wichtigste Einkaufsstraße Dresdens. Sie hatte
die schönsten Geschäfte in Sachsen.

Der alte kleine Laden von Günter Otto
war schon immer da, sagen die Leute aus
der Dresdner Neustadt. Und er hatte
auch in DDR-Zeiten fast alles.

	haben		sein	
ich	ha-**tt**-e	-e	**war**- –	- –
du	ha-**tt**-est	-est	**war**-st	-st
Sie	ha-**tt**-en	-en	**war**-en	-en
er es sie	ha-**tt**-e	-e	**war**- –	- –
wir	ha-**tt**-en	-en	**war**-en	-en
ihr	ha-**tt**-et	-et	**war**-t	-t
Sie	ha-**tt**-en	-en	**war**-en	-en
sie	ha-**tt**-en	-en	**war**-en	-en

-tt- ← PRÄTERITUM- → **war-**
SIGNAL

Essen und Trinken

12

A1

1 Die Party

**Die Einladung –
Vermutungen**

Was tut und denkt
Christine wohl?

A2

a) Warum gibt es
das Fest wohl?
b) Welche Fragen
hat Christine?

→Ü1 – Ü2

> **Wir feiern**
>
> Wann?   am 8. Juni,
> Wo?   Berggasse 17,
> Was?   eine große Gartenparty.
> Bitte anrufen: 05 12/58 85 52
>
> *Claudia*

A3

a) Was fragt
Christine?
b) Notieren Sie die
Antworten.

→Ü3 – Ü6

A4

**Ins Gespräch
kommen**

a) Dialoge ① und ②:
Wie viele
Personen sprechen?
b) Was sagen sie?
c) Spielen Sie die
Dialoge.

→Ü7 – Ü8

②
● Guten Abend! Schön, dass Sie kommen.
○ Danke für die Einladung!
   Darf ich Ihnen vorstellen, das ist mein
   Kollege … .
■ Schönen Abend! Angenehm …
● Schönen Abend!
   Was darf ich Ihnen zum Trinken
   anbieten? …

…

①
● Hallo …, wie geht's dir?
○ Danke, gut, und dir auch?
● Ja, alles in Ordnung. Ich hab dich schon
   so lange nicht mehr gesehen!
○ Ja, ich glaub, das war vor ein paar
   Monaten …
● Schau, da sind die Getränke.
   Bedien dich selbst, bitte!

…

A1	Sie steht vor dem Spiegel. Sie hat eine Einladung / geht zu einem Fest. Wie soll ich mich anziehen? Elegant/Chic oder eher leger? Wer kommt wohl noch zur Party? Wen kenne ich außer …?	
A2	Bis wann soll ich bei euch/Ihnen sein?	– Bis um / So gegen … Uhr.
A3	Was kann ich mitbringen?	– Nichts, danke. / Das ist nicht nötig.
A4	Was kann/darf ich Ihnen zum Essen/Trinken anbieten? Möchten Sie … oder lieber …? Bitte, nimm dir selbst / bedien dich selbst!	

2 Am Büfett

Bier, Wein, Saft, viele Getränke. Aber wo sind die Gläser?
Überholen oder nicht? Die besten Brötchen sind bald aus.
Fehler Nummer 1: Man ist satt, aber das Beste kommt erst.
Fehler Nummer 2: Zu lange gewartet, es ist nichts mehr da.
Endlich, es hat so lange gedauert! Jetzt kann's losgehen!
Tipp: Gehen Sie langsam das Büfett entlang und wählen Sie in
Ruhe aus. Die besten Sachen kommen immer am Schluss.

● Guten Appetit!
○ Danke, gleichfalls.
● Hast du den Kartoffelsalat schon versucht?
Der schmeckt sehr gut!
○ Ja, den probier ich gleich. Aber du musst
auch den griechischen Salat versuchen …
● Und dieses frische Brot! Herrlich!
○ Hast du die Lasagne auch probiert?
Die ist nicht besonders …
● Du weißt doch, ich esse kein Fleisch!
○ Dann ist sie richtig für dich,
die ist vegetarisch.
● Wie bitte? Lass mich mal versuchen!
○ Und?
● Prima! Ich hol mir auch ein Stück …
○ Trinken wir erst mal: zum Wohl!
● Prost!

A8	Guten Appetit!	– Danke, gleichfalls.
A9	Zum Wohl! / Prost!	– Zum Wohl!
	Wie schmeckt (dir) der Kartoffelsalat?	– Gut. / Ausgezeichnet. / Nicht besonders.
	Hast du … schon versucht/probiert?	– Das musst du versuchen. / Probier mal … .
	Wie ist das Brot?	– Es ist ganz frisch. / Es schmeckt nicht.

A10	Ich esse am liebsten vegetarisch. Ich mag kein Fleisch.

A5

Über Essen sprechen

Was gibt es alles am Büfett?

Fisch:
Fleisch:
Gemüse:
Salate:
Getränke:

A6

a) Was möchten Sie?
b) Was finden Sie nicht? Ergänzen Sie.

A7

Welche Aussagen passen zu dem Mann am Büffet?

A8

Wie schmeckt's? Notieren Sie Ausdrücke im Text.

A9

Hören Sie den Dialog: Was ist anders?

→Ü9 – Ü11

A10

Wann essen Sie? Wie oft am Tag? Was essen Sie gern / nicht gern?

→Ü12 – Ü17

(31)

3 Rezepte

GEMÜSE-LASAGNE

 A11

Ein Rezept lesen

a) Suchen Sie die Zutaten im Text.
b) Achten Sie auf alle Verben. Welche passen zu den Zeichnungen?

Zutaten für die Lasagne:
(für sechs Personen)
12 grüne Lasagne-Nudelblätter
½ kg Mozzarella
300 g Tomaten
½ kg Zucchini
700 g Auberginen

Zutaten für die Soße:
70 g Mehl
50 g Butter
¾ l Milch
10 g Käse (gerieben)
2 Eier
Salz, Pfeffer, Muskatnuss, Butter, Öl

1. Für die Soße Butter erhitzen. Mehl durch ein Sieb einrühren. Milch dazugießen, gut rühren. Soße kurz kochen; dann mit Salz, Pfeffer und Muskatnuss würzen. Leicht abkühlen lassen. Eier und Käse einrühren.

2. Mozzarella in Scheiben schneiden. Tomaten kurz in kochendes Wasser, dann in kaltes Wasser legen und schälen. Tomaten, Zucchini und Auberginen in breite Scheiben schneiden.

3. Zucchini- und Auberginenscheiben auf beiden Seiten anbraten.

4. Einige Nudelblätter in eine Form legen, darauf Tomaten und Mozzarella. Nudelblätter darüber geben, darauf die Zucchini; darüber Nudelblätter und Auberginen. Auf jede Lage etwas Soße geben.

5. Geriebenen Käse auf die Lasagne streuen; ca. 50 Minuten ins Backrohr.

(Zubereitungszeit: ca. 2 Std. Als Beilage passt grüner Salat.)

 A12

a) Wie heißt das Rezept wohl?
b) Wer hat den Text wohl geschrieben?
c) Welche Verben aus A11 finden Sie auch in dem zweiten Rezept?

→Ü18 – Ü19

(32)

Du brauchst: Wurst, Käse, Tomaten, Gurken und eine Platte. Zuerst richtest du dir die Sachen her. Du nimmst die Wurst und legst sie auf die Platte. Dann nimm den Käse. Leg ihn aber nicht genau auf die Wurst, sondern auf eine ander Stelle der Platte. Leg dann die Tomaten und die Gurken wieder auf eine ander Stelle. Jetzt bist du mit der kalten Platte fertig. Guten Appetit!

4 Essen im Restaurant

A13

Im Restaurant bestellen

Was passiert?
→Ü20 – Ü21

Haben Sie schon gewählt? ●	○ Ja, aber ich hab eine Frage. Was ist das: „Gemüse überbacken mit Nudeln"?
Das sind verschiedene Gemüse, ● je nach Saison, alles frische Sachen. Möchten Sie auch eine Vorspeise? ●	○ Hm, ja, schön! Bringen Sie mir das! ○ …

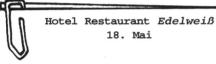

```
Hotel Restaurant Edelweiß
          18. Mai

Menü                    DM 21,50

          Tagessuppe
             ***
   Kalbsbraten in Rahmsauce,
     Nudeln u. Salatteller
             ***
   Gemischtes Eis mit Sahne
```

Tageskarte

Spinatspätzle in Rahmsauce und Salatteller	DM 10,50
Kalbskotelette vom Grill mit feinem Gemüse und Reis	DM 19,--
Forelle blau mit Petersilkartoffeln und Salat	DM 21,90

Vorspeisen

Bunter Salatteller mit Thunfisch und Toast	DM 8,50
geräucherte Forelle	DM 9,50

Suppen

Suppentopf mit Huhn	DM 8,--
Knoblauchrahmsuppe	DM 7,50
Nudelsuppe	DM 4,50

Hauptspeisen

Filetsteak in Pfeffer-rahmsauce mit Gemüse und Kartoffelkroketten	DM 29,--
Hühnerschnitzel in Currysauce mit Früchtereis	DM 18,50

Vegetarisches

Gemüse überbacken mit Nudeln	DM 14,80

A14

a) Welche Speisen kennen Sie nicht? Fragen Sie.
b) Stellen Sie ein Menü zusammen: Wählen Sie aus der Karte aus.

A15

You are cooking a special meal at home.
What do you need? Write out a shopping list.

A13	Was ist heute die Tagessuppe, bitte?	– Heute gibt es … .
	Ist da auch Fleisch dabei?	– Nein, das ist rein vegetarisch.
	Bezahlen, bitte. / Die Rechnung, bitte.	– Das macht 23 Mark 60. / 23 Mark 60, bitte.
	Machen Sie 25 Mark.	– Vielen Dank.
A15	Für „Spinatspätzle" braucht man … .	
A16	In meinem Land isst man als Vorspeise oft … . Für unsere Küche ist … eine typische Hauptspeise/Nachspeise. Das bekannteste Gericht aus … ist … .	

A16

Schreiben Sie eine internationale Speisekarte.
→Ü22

5 Aussprache

▷ S. 113 (B)

A17

**Laute unter-
scheiden**

a) Lesen Sie
halblaut mit.
b) Sprechen Sie
die Sätze nach.

→Ü27 – Ü29

Konsonant: h

[h] —— **H**aus   *hier, Hochhaus*
[ʔ] —— aus   *um elf*
                              •

1. Hannes und Heidi haben heute Gäste.
2. Das Hobby von Hannes ist Kochen.
3. Heute gibt es Huhn mit heißen Himbeeren.

4. Anna kommt heute Abend um acht Uhr.
5. Um elf Uhr gehen alle auf eine Party.
6. Ute und Heidi bleiben bis ein Uhr.

A18

a) Hören Sie den
Dialog.
b) Sprechen Sie
den Text.
c) Spielen Sie die
Situation:
Partner A spricht
ruhig/sachlich;
Partner B spricht
ungeduldig/
nervös.

→Ü30

Sprechausdruck

Wann kommen Ute und Heidi? ○
Ist die Lasagne dann schon fertig? ○
Hast du den Nachtisch schon probiert? ○
Das schmeckt aber komisch. ○
So salzig. ○
Finde ich auch. Ist es aber nicht. ○
Doch! Wollen wir nicht lieber ○
einen Pudding machen?

● Um acht, in einer halben Stunde!
● *Du* hast sie doch in den Ofen getan!
● Nein, mach *du* das mal!
● Komisch? Warum komisch?
● Was?? Tiramisu muss doch süß sein!
● Das ist ja nicht möglich!
● Jetzt noch? Nein, dann essen wir
  lieber den Kuchen von gestern!

A19

**Bedeutung von
Präpositionen (2)**

a) Suchen Sie die
Präpositionen
im Text.
b) Suchen Sie zu
jedem Fragewort
passende
Antworten.

(33)

6 Wortschatz

um • gegen • bis

So um 7 Uhr hat das Fest begonnen.
Gegen halb acht waren die meisten
Gäste da, aber bis 12 Uhr sind immer
noch Leute gekommen. Das Fest hat
ca. bis 5 Uhr früh gedauert.

Wo? Wie lange? Womit?
Wann? Für wen?
Wogegen? Ohne was?

um • durch • entlang

Es waren schon viele Leute da. Wie immer
sind die meisten um das Büffet herum-
gestanden. Ich habe mich durch die Leute
gedrängt und bin das Büffet entlang
gegangen. Es hat tolle Sachen gegeben!

A20

Beschreiben Sie
die Zeichnungen.
Verwenden Sie
Ausdrücke mit
Präpositionen.

→Ü23 – Ü25

für • ohne • gegen

Ich bin vom Büffett gekommen, mit zwei
vollen Tellern für meine Freundin und für
mich. Aber ohne Getränke. Ich hatte keine
Hand mehr frei. Und dann ist es passiert!
Ich bin gegen den Tisch gestoßen …

um   durch   entlang

für   ohne   gegen

der Herd

das Backrohr

der Kühlschrank

das Spülbecken

das Geschirr

der Topf

die Pfanne

die Schüssel

die Platte

der Teller

die Tasse

das Glas

das Besteck

das Messer

die Gabel

der Löffel

die Serviette

einschalten

ausschalten

kochen

braten

würzen

rühren

backen

herrichten

schälen

schneiden

abwaschen/spülen

putzen

den Tisch decken

den Tisch abräumen

A21

Bilder und Wörter: „Kochen"

a) Lesen Sie die Wörter links: Was finden Sie im Bild? Wo sind diese Dinge in Ihrer Küche?
b) Lesen Sie die Wörter rechts. Was machen Sie gern, was nicht?

A22

a) Welche Ausdrücke zum Thema „Kochen" hören Sie? Notieren Sie.
b) Ordnen Sie die Wörter zu Wort-Gruppen (5–7 Wörter). Vergleichen Sie.

„Herr Ober, einen Kaffee bitte!"

„Einen Kaffee!"

„Gibt's hier denn keinen Kaffee???"

„Ich will endlich einen Kaffee!"

„Entschuldigung, haben Sie meinen Kaffee vergessen?"

(Das dauert aber ziemlich lange hier!)

(Ah, schön, jetzt in Ruhe einen Kaffee trinken …)

(Wo bleibt denn der Ober mit meinem Kaffee?)

(Ich muss ja schon bald gehen!)

(So was ist mir noch nie passiert, jetzt gehe ich!)

(Was ist denn hier los? Muss man sich hier selbst bedienen?)

(So ein Mist!)

A23

Bilder und Wörter: „Bestellen"

a) Was sagt der Gast, was denkt er? Wählen Sie einen Satz zu jedem Bild.
b) Variieren oder ergänzen Sie.
c) Sie sind der Gast: Sagen Sie Ihre Bestellung laut.

7 Grammatik

→Ü23 – Ü25   **Präpositionen (2): Präpositionen mit Akkusativ**

- ● Das ist ein Rezept **für** eine Lasagne **ohne** Fleisch.
- ○ Was brauchen wir **für** die Soße?
- ● Wir müssen zuerst Butter erhitzen. Dann müssen wir Mehl **durch** ein Sieb einrühren …

Die Gäste gehen langsam **um** das Büffet herum. Achtung! Nicht **gegen** den Tisch stoßen!
Den Leuten gefällt das Fest: Alle bleiben **bis** Mitternacht, viele noch länger …

für, ohne, durch, um, gegen, bis ➤ IMMER MIT **AKKUSATIV**

→Ü26   **Präpositionen (3): Übersicht**

PRÄPOSITIONEN MIT …				
… AKKUSATIV	… DATIV	… AKKUSATIV (wohin?)	ODER	DATIV (wo?)
bis durch für gegen ohne um	aus bei mit nach seit von zu			an auf hinter in neben über unter vor zwischen

→Ü12 – Ü15   **Verben mit Reflexivpronomen**

Christine **freut sich** über die Einladung.
Auf dem Fest trifft sie viele Freunde. Die meisten Gäste haben Hunger und **beeilen sich**: Sie **bedienen sich** am Büffet selbst.

	VERB + REFLEXIV-PRONOMEN		PERSONAL-PRONOMEN	REFLEXIV-PRONOMEN
ich	freue	mich	ich	mich
du	freust	dich	du	dich
Sie	freuen	**sich**	Sie	**sich**
er es sie	freut	**sich**	er es sie	**sich**
wir	freuen	uns	wir	uns
ihr	freut	euch	ihr	euch
Sie	freuen	**sich**	Sie	**sich**
sie	freuen	**sich**	sie	**sich**

Verb und Ergänzungen (2): Präpositionalergänzung

→Ü16 – Ü17

Christine	freut sich	**über** die Einladung.
„Ich	danke	**für** die Einladung."
Die Gastgeber	warten	**auf** die Gäste.
Viele Leute	nehmen	**an** der Party ... teil.
Die Gäste	unterhalten sich	**über** andere Gäste.
„Der Weißwein	passt	**zum** Fisch."

SUBJEKT
Wer? oder Was?

VERB

PRÄPOSITIONALERGÄNZUNG
Worüber? Wofür? Worauf? Woran? Wozu? ...
Über/Für/Auf/An wen? Zu wem?

Imperativ (2)

a) Formen

→Ü6

INFINITIV	legen	schneiden	nehmen	fahren	sein	
SINGULAR 2. Person	leg(e)!	schneid(e)!	⚠ ni**mm**!	fahr(e)!	sei!	**-(e)**
	leg**en** Sie!	schneid**en** Sie!	nehm**en** Sie!	fahr**en** Sie!	sei**en** Sie!	**-en**
PLURAL 2. Person	leg**t**!	⚠ schneid**et**!	nehm**t**!	fahr**t**!	⚠ sei**d**!	**-(e)t**
	leg**en** Sie!	schneid**en** Sie!	nehm**en** Sie!	fahr**en** Sie!	sei**en** Sie!	**-en**

b) Gebrauch: Befehl, Aufforderung

→Ü5, Ü7

„Bitte, **sei** so nett:
Nimm die Tomaten
und **schneid(e)** sie in Stücke!
Nun **leg(e)** sie auf die Platte ..."

Laterna Magica

1 Alte Bilder und Texte

 A1

Einen alten Text verstehen

Was verstehen Sie?
(„Narretei" = Unsinn, lustige Sache; „sich erbauen" = sich freuen)

→Ü1

 A2

Was verstehen Sie jetzt? Was heißt wohl „Gaukler"?

→Ü2 – Ü3

„Kommt, ihr Leute, lauft herbei,
anzuschaun die Narretei!
Heute könnt ihr euch erbauen,
denn gar vieles gibt's zu schauen.
Ein Zauberspiel auf weißer Wand:
Die Laterna Magica entführt in ein exotisch' Land."

 A3

Sind das Fotos? Was zeigen die Bilder? Beschreiben Sie.

→Ü4

 A4

Kennen Sie eine „Laterna Magica"? Erzählen Sie.

→Ü5

2 Der Knödelfresser

A5

Eine Bilder-Geschichte verstehen und spielen

Sehen Sie zuerst die vier Bilder an: Verstehen Sie die Geschichte von Knoop, dem Knödelfresser? Erzählen Sie.

① *Hier seht ihr ihn, Sebastian Knoop, den Schneidermeister. Er lebt bescheiden, raucht nicht, trinkt nicht, isst mäßig nur und spart sein Geld.*
Aber er hat ein Leibgericht: Knödel, heiße Knödel! Niemand kocht die besser als Clementine, seine Frau.
Vorsicht, Knoop! Pass auf, pass auf!

② *Zu spät! Der Bauch ist rund wie ein Ballon!*
Dem Knoop wird schlecht.
Er muss zum Arzt.
Der Doktor denkt: Was ist zu tun? –
Schnell, schnell, sonst platzt der arme Kerl!

A6

Lesen Sie Text ①. Beschreiben Sie Sebastian Knoop.

A7

Lesen Sie die Texte ② – ④:
a) Was ist passiert? Erzählen Sie mit eigenen Worten.
b) Was tut Knoop weh? Warum?

➜Ü6 – Ü7

A8

Hören Sie die Texte ① – ④:
Was verstehen Sie jetzt?

③ *Das Messer fällt.*
Es spritzt das Blut.
Die Knödel rollen.
Ach, tut das gut!

④ *Da liegen sie, die Knödel.*
Der Bauch ist leer,
und Knoop geht's besser.
Aber er muss zahlen, und das tut weh!

A9

a) Hören Sie den Text noch einmal.
b) Spielen Sie eine Pantomime zum Text mit drei Spielern.

➜Ü8 – Ü10

A7 Knopp isst so viel, weil seine Frau so gut kocht.
Knoop muss zum Arzt, weil er Bauchschmerzen hat.
Der Arzt schneidet den Bauch auf, weil der sonst platzt.
Knoop geht es jetzt viel besser, aber er muss eine hohe Rechnung bezahlen.

3 Musica Magica

Ruth Baumer
Günther Holzhey
Rosenstraße 27a
70182 Stuttgart

 A10

Eine alte Kunst beschreiben

Ruth und Günther sind die „Gaukler" der Laterna Magica. Lesen Sie den ersten Absatz im Text: Was machen sie genau?

 A11

Lesen Sie den Text ganz. Machen Sie Notizen zu den Fotos, zur Laterna Magica, zu den Künstlern Ruth und Günther.

→Ü11

Ruth Baumer – Günther Holzhey:
„Musica Magica" nennt sich dieses Duo.
Die beiden machen Theater. Sie projizieren alte Bilder an die Wand und erzählen dazu Geschichten, oft mit Musik und Geräuschen.

Die Bilder sind alte Originale, direkt auf Glas gemalt.
Das sind Kostbarkeiten, oft bis zu 200 Jahre alt. Ruth kauft diese Bilder auf Kunstauktionen in London, Paris, Wien.

„Laterna Magica" heißt „Zauberlaterne".
Schon im 17. Jahrhundert haben die Menschen diesen Projektionsapparat konstruiert.

Heute interessieren sich wieder viele Menschen für diese alte Kunst, weil sie müde vom Fernsehen sind.
„Ihre Augen sind wieder ganz offen für die Poesie der Laterna Magica", sagt Günther Holzhey.

 A12

Warum interessieren sich jetzt wieder viele Menschen für diese alte Kunst? Was denken Sie darüber?

 A13

Hören Sie ein Interview mit Ruth und Günther. Für wen spielen sie? Wie sieht das Programm aus?

→Ü12 – Ü14

Ruth hat früher Straßentheater gespielt. Sie ist hier die „Lanternista" und zeigt die Bilder. Günther war mal Orgelbauer. Jetzt ist er der Erzähler, Musiker und Geräuschemacher.

Die beiden arbeiten schon viele Jahre zusammen und sagen, dass sie immer noch viel Spaß an ihrer Kunst haben.

A11 Eine Laterna Magica ist ein Projektionsapparat aus dem 17. Jahrhundert.
Die beiden Künstler benutzen alte Originalbilder, direkt auf Glas gemalt.
A12 Viele Menschen interessieren sich für diese Kunst, weil sie … .

4 Die Naturkatastrophe

*„Wir machen mit der Laterna Magica
eine Reise durch die Geographie und
durch die Zeit.
Wir sitzen jetzt in Pompeji am Golf von
Neapel. Es ist im Jahr 79 nach Christus.
Wir sitzen mit Freunden in der Pizzeria
VESUVIO.
Im Hintergrund sehen wir den Vesuv,
den berühmten Vulkan, der manchmal
raucht und donnert.
Aber wir haben keine Angst.
Der Ober kommt und bringt Spaghetti.
Wir unterhalten uns, trinken Wein und
singen.“*

A14

Eine Bild-Ton-Geschichte verstehen

a) Lesen Sie den Lexikon-Ausschnitt (unten links).
b) Haben Sie von dieser Katastrophe schon gehört? Was wissen Sie davon?

A15

Sehen Sie die Bilder an:
Was passiert da?
Beschreiben Sie.

A16

Lesen Sie den Text (oben):
Warum haben die Leute keine Angst?

→Ü15

Pompeji: antike Ruinenstadt, durch
Vesuv-Ausbruch vom 24. 8. 79 n. Chr.
völlig verschüttet.
1748 Beginn der Ausgrabungen:
Stadtanlage, Forum, Tempel, Theater, Thermen, Wohnhäuser; Mosaik-
bilder u. Skulpturen sind z. T. gut
erhalten.

A17

a) Listen to the story. Do you like it? How is it put together?
b) Do you have other ideas for organizing the story?

→Ü16 – Ü18

13

5 Robinson Crusoe *(nach Daniel Defoe)*

A18

Aus der Erinne-
rung erzählen

Schauen Sie die
Bilder an: Erinnern
Sie sich an die
Geschichte von
„Robinson Crusoe"?
Erzählen Sie.

A19

Eine vereinfachte
Inhaltsangabe
verstehen

Lesen Sie die
Einleitung (oben)
und die Zeilen 1–16
der Geschichte:
Wo passiert das
Unglück?
Wo liegt die Insel?
Suchen Sie auf
einer Landkarte.

Wir machen eine zweite Reise durch die
Geographie und durch die Zeit. Diesmal
bringt uns die Laterna Magica zurück in das
Jahr 1659.
Wir alle kennen die Geschichte, sie ist
weltberühmt: „Robinson Crusoe".
27 Jahre lebt Robinson allein auf einer
einsamen Insel an der Mündung des
Orinoko, nahe bei Trinidad.
Hier beginnt die Geschichte:

A20

Lesen Sie die
Zeilen 17–27:
Was findet
Robinson auf dem
Schiff?
Kann er damit
ein neues Leben
anfangen?

→Ü19

Ein Schiff segelt von Südamerika nach Afrika,
weil es von dort Sklaven holen soll. 17 Mann sind
an Bord, unter ihnen Robinson Crusoe. Das Schiff
fährt an der brasilianischen Küste entlang nach
5 Norden. Es soll am 10. Breitengrad nach Afrika
hinübersegeln.

Die Fahrt ist ruhig. Aber nach zwölf Tagen kommen sie in einen gewaltigen Orkan, und der wirft
das Schiff auf eine Sandbank. Dort liegt es fest,
10 und der Sturm tobt und tobt.

Die Männer springen in ein Rettungsboot und rudern zum Ufer. Aber die wilde See zerstört das
Boot, alle Männer ertrinken, bis auf Robinson.
Eine riesige Welle wirft ihn auf eine Klippe, und
15 er ist gerettet. Erschöpft und todmüde schläft er
am Strand ein.

Am nächsten Morgen ist das Wetter schön und
klar, die See ist ruhig. Das Schiff liegt eine Meile
vor der Küste. Robinson schwimmt zum Schiff
20 hinüber. Er findet dort Brot, Reis, Käse, Fleisch,
Getreide, Rum, Mehl und Zucker. Er findet auch
Tinte, Papier, Bücher und – den Schiffshund.

Er baut ein Floß und bringt alles an Land. Er holt
auch noch Gewehre, Werkzeuge, Kleider und eine
25 Hängematte und baut aus Segeln ein Zelt. Robinson steigt auf einen Berg und sieht, dass er auf
einer Insel gelandet ist.

Jetzt beginnt sein einsames Leben. Es ist der 30. September 1659. Robinson macht für jeden
30 Tag einen Schnitt in den Holzpfahl, für jeden siebten Tag einen langen Schnitt. Das ist sein Kalender für 27 Jahre. So lange nämlich muss er auf dieser Insel leben. Sein einziger Begleiter ist der Schiffshund. Nach seinem Tod ist Robinson
35 ganz allein.

Er trägt Kleider aus Ziegenfell und einen Schirm gegen Regen und Sonne.

Er schießt wilde Ziegen und Vögel. Er sät und erntet Getreide, weil er Brot backen will. Er hat
40 genug zum Leben. Eines Tages entdeckt Robinson am Strand eine Fußspur im Sand! Es ist nicht seine eigene Spur, sondern die Spur von einem fremden Menschen. Robinson erschrickt: Wer ist dieser Mensch? Woher ist er gekommen? Was
45 macht er hier auf seiner Insel? Dann erschrickt er noch mehr, weil er Schädel, Hände, Füße und Knochen von Menschen findet. Menschenfresser, Kannibalen sind auf seiner Insel gewesen!

Und sie kommen regelmäßig wieder, weil sie hier
50 auf der Insel ihre Gefangenen töten und essen. Robinson beobachtet sie viele Male, und eines Tages sieht er, daß einer der Gefangenen flüchtet und genau auf ihn zuläuft. Drei Kannibalen verfolgen ihn. Robinson tötet die Verfolger und rettet
55 den Flüchtling.

Der wirft sich vor ihm auf den Boden und setzt Robinsons Fuß auf seinen Kopf, weil er ihm sagen will: Ich danke dir für mein Leben und will immer dein Diener sein. Robinson nennt seinen
60 neuen Diener „Freitag", weil er ihn an einem Freitag gerettet hat.

Sie unterhalten sich mit Händen und Füßen, und Robinson lehrt seinen Diener einige Worte Englisch. Die beiden leben und arbeiten jetzt zusam-
65 men. Sie bauen ein Kanu mit Mast und Segeln und fahren ein Stück aufs Meer hinaus.

Endlich, nach vielen Jahren, kommt ein englisches Schiff. Robinson erzählt dem Kapitän seine Lebensgeschichte.

70 Am 19. Dezember 1686 verlässt er seine Insel nach 27 Jahren, 2 Monaten und 19 Tagen. Er kommt am 11. Juli 1687 wieder in England an.

A21

Lesen Sie den Text von Zeile 28 bis zum Ende:
a) Wie lebt Robinson auf der Insel?
b) Was passiert alles?
c) Wie lernt er „Freitag" kennen?
d) Wie sprechen und leben die beiden miteinander?
→Ü20

A22

Einen Text besprechen und inszenieren

Where are the high points of the story?
→Ü21

(35)

A23

Spielen Sie die ganze Geschichte im Kurs.
→Ü22

6 Ausspprache

A24

Laute unterscheiden

a) Lesen Sie halblaut mit.
b) Sprechen Sie die Beispiele.

→Ü23 – Ü26

Konsonanten: m, n, ng, l

[m] < **M**onat / schwi**mm**en

[n] < **N**ame / wa**nn**

[ŋ] < si**ng**en / da**nk**e

[l] < **l**esen / wo**ll**en

Moment mal! / kommen

nicht / kennen

Englisch / links

lernen / schnell

A25

Satzakzent üben

a) Welche Aussage ist am wichtigsten?
b) Hören Sie noch einmal und lesen Sie halblaut mit.

Satzakzent

▷ S. 114 (E)

Robinson erwacht. Er spürt Sand an den Händen, hört die leisen Wellen, das Meer, fühlt die Sonne auf seiner Haut. Ist es möglich, dass er den gewaltigen Orkan überlebt hat? Er hofft, dass auch andere Männer leben.
Er schaut aufs Meer. Da liegt das Schiff. Er schwimmt hinüber, weil er dort vielleicht noch nützliche Dinge finden kann. Er findet Essen, Bücher, Werkzeuge, Gewehre und – den Schiffshund!
Er ist froh, dass der Hund noch lebt.

A26

a) Lesen Sie halblaut mit.
b) Sprechen Sie nach.

→Ü27

Robinson ist froh, dass der Schiffshund noch lebt.

Er hofft, dass bald ein Schiff kommt.

Er sät Getreide, weil er Brot backen will.

In **Satzgefügen** (Hauptsatz + Nebensatz) ist der **Satz-akzent** meist im **Nebensatz**.

Robinson ist froh, dass der Schiffshund noch lebt.

A27

Unbekannte Wörter erschließen

a) Kennen Sie die markierten Wörter?
b) Fragen 1–5: Welche Wörter im Text erschließen Sie damit?

7 Wortschatz

Ruth Baumer und Günther Holzhey machen Theater.
Sie projizieren alte Bilder an die Wand und erzählen dazu Geschichten, oft mit Musik und Geräuschen.
Die Bilder sind alte Originale, direkt auf Glas gemalt. Das sind Kostbarkeiten, oft bis zu 200 Jahre alt. Ruth kauft sie auf Kunstauktionen in London, Paris, Wien.
„Laterna Magica" heißt „Zauberlaterne". Schon im 17. Jahrhundert haben die Menschen diesen Projektionsapparat konstruiert.

A28

a) Markieren Sie unbekannte Wörter im Text, S. 92, Zeile 7–20.
b) Verwenden Sie die Fragen 1–5 (mit Partner/Partnerin).
c) Notieren Sie weitere Fragen.

1. Bild und Text: Erklärt Ihnen das Bild oder die Zeichnung zum Text das Wort? *projizieren*

2. Internationale Wörter: Gibt es ähnliche Wörter in Ihrer Muttersprache oder einer anderen Sprache? *Theater, projizieren, Original*

3. Wörter im Satz: Welche anderen Wörter gehören zu diesem unbekannten Wort? *Geschichten: Geschichten erzählen; Geräusche: Musik und Geräusche*

4. Wissen zum Thema: Was finden Sie zum Thema im Text? Was wissen Sie noch? *Kostbarkeit: Originale, sehr alt, Kunstauktionen → „selten, teuer"*

5. Wörter zerlegen: Welches andere deutsche Wort steckt in diesem Wort? *Kostbarkeit: kosten, etwas kostet viel*

8 Grammatik

Hauptsatz und Nebensatz (1): „dass"-Satz

1 Rund um den Kopf

SANOFIT

Nr. 7 / Juli

Das Gesundheitsmagazin für Sie

 A1

Gesicht und Körperpflege

a) Lesen Sie die Tipps und notieren Sie alle Körperteile.
b) Welche Tipps finden Sie gut? Welche schlecht? Machen Sie Notizen und vergleichen Sie in der Gruppe.

 A2

Kennen Sie andere Tipps? Diskutieren Sie.

A3

Malen Sie einen Kopf. Notieren Sie alle Wörter rund um den Kopf. Kleben Sie den Zettel zu Hause an den Spiegel.

→Ü1 – Ü3

Was können Sie für sich tun? Praktische Tipps und Ideen von der SANO-FIT-Redaktion:

Sich entspannen

Machen Sie Ihr persönliches Augentraining. Nehmen Sie ein Foto mit einer schönen Landschaft. Schauen Sie das Bild fünf bis zehn Minuten an. Atmen Sie dabei tief und regelmäßig. Das entspannt Ihre müden Augen und hilft gegen Stress und Nervosität.

Sich konzentrieren

Machen Sie ab und zu eine kurze Pause bei der Arbeit. Konzentrieren Sie sich 2–3 Minuten lang auf Ihren Atem: Öffnen Sie das Fenster und atmen Sie die frische Luft durch die Nase tief ein. Atmen Sie dann durch den Mund aus. Wiederholen Sie diese Übung mindestens siebenmal.

Sich fit fühlen

Waschen Sie Ihr Gesicht am Morgen mit kaltem Wasser. Massieren Sie zuerst sanft das Gesicht, dann die Ohren und zuletzt den Hals. So fühlen Sie sich frisch für den ganzen Tag. Noch ein Tipp: Verwenden Sie keine Seife, nur reines Wasser. Das ist besser für Ihre Haut.

Sich pflegen

Pflegen Sie Ihre Haare mit natürlichen Produkten. Für normales Haar nehmen Sie ein Shampoo mit Apfel oder Zitrone. Bei fettigem Haar hilft ein Shampoo mit Kräuterextrakten. Wenn Sie trockenes Haar haben, dann verwenden Sie ein Shampoo mit Pflanzenöl. Wichtig: Bürsten Sie die nassen Haare sehr gründlich. So bekommt Ihr Haar Glanz und Kraft.

Sich die Zähne putzen

Regelmäßiges Zähneputzen (drei Minuten am Morgen, am Mittag und am Abend) schützt vor Zahnproblemen. Wenn Sie akute Zahnschmerzen haben, gibt es einen einfachen Trick: Drücken Sie mit zwei Fingern direkt zwischen Nase und Oberlippe. Drücken Sie zwei bis vier Minuten auf diesen Punkt, und die Schmerzen gehen vorbei.

A1	Wie pflegen Sie Ihre Haare?	– Ich wasche sie jeden Tag mit Apfelshampoo.
A2		
	Was machst du gegen fettiges Haar?	– Ich verwende ein Kräutershampoo.
	Was tust du für deine Zähne?	– Ich putze sie regelmäßig.
	Was hilft bei akuten Zahnschmerzen?	– Wenn du Zahnschmerzen hast, dann … .

14

2 Endlich ohne Schmerzen sitzen

Der moderne Mensch hat nicht genug Bewegung. Mehr als die Hälfte des Tages sitzt er auf Stühlen und Sesseln. Oft sind Rückenschmerzen die direkte Folge.

Sie sitzen auf einem Stuhl, die Beine entspannt, die Füße auf dem Boden. Strecken Sie den rechten Arm und legen Sie dann die Hand in den Nacken. (A)
Lassen Sie jetzt den linken Arm nach unten hängen und folgen Sie der Bewegung mit dem Körper. (B)
Wechseln Sie nun den Arm.
Achtung: nicht nach vorn oder hinten drehen!

Stellen Sie sich aufrecht hinter den Stuhl, die Hände legen Sie auf die Lehne. (A)
Gehen Sie jetzt – mit aufrechtem Rücken – in die Knie. (B)
Dann stehen Sie wieder auf. Die Hände bleiben auf dem Stuhl. (A)
Achtung: regelmäßiges Atmen und kurze Pausen, Rücken und Brust entspannen!

Setzen Sie sich aufrecht auf den Stuhl, die Beine entspannt, die Füße leicht nach hinten. Legen Sie die Hände auf die Knie. (A)
Stehen Sie jetzt langsam auf. Gehen Sie mit dem Körper nach vorn. Die Hände bleiben auf den Knien. (B)
Achtung: Der Rücken muss gerade bleiben!

Noch ein Tipp zum Schluss:
Wenn Sie Zeit haben, machen Sie die Übungen mehrmals am Tag.

SANOFIT zeigt Ihnen drei einfache Übungen für den Rücken: Gymnastik für daheim, fürs Büro oder für die Schule.

Übung 1

Übung 2

Übung 3

A4

Körperteile

a) Lesen Sie und schauen Sie die Bilder an.
b) Malen Sie einen Strich-Menschen. Lesen Sie und notieren Sie alle Körperteile.

→ Ü4 – Ü6

A5

Bewegungen beschreiben

a) Lesen Sie Ihrem Partner eine Übung vor: Ihr Partner macht die Übung.
b) Nehmen Sie einen Stuhl und spielen Sie.

A6

Was machen Sie für Ihre Gesundheit?

→ Ü7 – Ü8

A5 Stellen Sie sich hinter den Stuhl! Setz dich bitte auf den Stuhl! Leg die Hände auf die Brust! Leg die Hände in den Nacken!	Sie stehen jetzt hinter dem Stuhl. Du sitzt jetzt auf dem Stuhl. Die Hände liegen auf der Brust. Die Hände sind jetzt im Nacken.
A6 Was tust du für deine Gesundheit?	– Ich mache regelmäßig Gymnastik …

3 Ein Arzt gibt Auskunft

 A7

Information über Krankheiten und Behandlung

Über welche drei Themen spricht der Arzt?

Wir haben mit Dr. Birrer über häufige Krankheiten und den Besuch beim Arzt gesprochen. Dr. Birrer sagt, dass die Leute vor allem zum Arzt gehen, wenn sie eine Grippe haben oder erkältet sind. Aber auch Rückenschmerzen und Sportunfälle sind nach Meinung von Dr. Birrer häufig. Kinder sind heute sehr oft krank, weil die Luft so schlecht ist.

Für Dr. Birrer ist ein gutes Gesprächsklima und eine persönliche Beziehung zum Patienten wichtig. Er benutzt für das

Gespräch mit den Patienten eine Checkliste. Er spricht mit ihnen nicht nur über ihre Gesundheit, sondern auch über die Familie und die Arbeit. Probleme gibt es für ihn, wenn ein Patient kommt, der nicht Deutsch, Französisch oder Englisch spricht. Er lacht und sagt: „Dann rede ich mit Händen und Füßen – irgendwie geht es immer."
Zum Schluss des Gesprächs gibt uns Dr. Birrer Tipps: Was soll man mitnehmen, wenn man eine Reise macht?

A8

a) Was sind häufige Krankheiten?
b) Welche Fragen stellt der Arzt?
c) Was gehört in eine Reise-apotheke?

→Ü9 – Ü14

Dr. Birrer erklärt uns die Ursache von Rückenschmerzen: für viele heute ein großes Problem.

Checkliste

Beruf ___Elektriker___
Arbeitgeber ___Strom AG, Heitenried___
Allgemeinzustand ___gut___
Appetit ___gut___
Verdauung ___leichte Probleme___
Gewicht ___75 kg___
Fieber ___—___
Herz ___normal___
Atmung ___✓___
Haut ___✓___
Augen ___rot, entzündet___
Schlaf ___wacht oft auf___
Sport ___Fußball (1x die Woche)___
Rauchen ___10 Zigaretten pro Tag___
Reisen ___—___
Soziales ___Familie lebt im Ausland___
Medikamente ___—___

A9

Stellen Sie Ihre eigene Reiseapotheke zusammen.

→Ü15 – Ü18

Die Reiseapotheke „Erste Hilfe"

Inhalt: Schere, Pflaster, Binden und Verbandsmaterial, Desinfektionsmittel, Schmerztabletten, Wundsalbe und verschiedene Medikamente, z.B. gegen Verstopfung, Durchfall und

4 Beim Arzt

① Am Abend

● Du siehst schlecht aus. Was ist
  los mit dir?
○ Mir geht's nicht gut. Ich habe Kopfschmerzen, und mein Bauch tut auch weh.
● Willst du nicht zum Arzt gehen?
○ …

② Am nächsten Morgen

● Praxis Doktor Jung, guten Tag!
○ Guten Tag. Mir ist schlecht, und ich habe
  Kopf- und Bauchschmerzen. Kann ich …?
● Entschuldigung, wie ist Ihr Name?
○ Knup. Rita Knup.
● …

③ Am anderen Tag

● Frau Knup?
○ Ja.
● Können Sie dieses Formular ausfüllen und
  dann im Wartezimmer Platz nehmen?
○ …

④ Beim Arzt im Sprechzimmer

● Guten Tag, Frau Knup. Was kann ich für
  Sie tun?
○ Ich weiß nicht so recht. Gestern hatte ich
  noch starke Schmerzen, aber jetzt … .
● …

A8	Dr. Birrer meint/sagt, dass …	
A11	Wie geht's dir?	– Schlecht. Ich habe … .
	Was ist los mit dir?	– Ach, nicht so schlimm, nur Bauchschmerzen.
	Soll ich dir einen Tee machen?	– Nein danke, das geht vorbei. / Ja, gerne.
	Was kann ich für Sie tun?	– Ich weiß nicht, ich habe seit zwei Tagen … .
	Haben Sie Fieber?	– Ja, 39 Grad. / Nein, ich glaube nicht.
	Wo haben Sie Schmerzen?	– Hier. / Wenn ich esse, tut es da weh.
A12	Haben Sie etwas für/gegen …?	
	Ich brauche ein Medikament gegen … .	

A10

**Über Krankheit
sprechen**

a) Wer spricht in
den Dialogen ①,
②, ③, ④?
Wer ist krank?
b) Was hat die
Person?
Was empfiehlt der
Arzt?

→Ü19

A11

Hören Sie die
vier Dialoge noch
einmal.
Notieren Sie
wichtige Fragen
und Antworten.

→Ü20 – Ü21

A12

Sie sind krank.
Spielen Sie
eine Szene
in der Apotheke
oder beim Arzt.

→Ü22 – Ü25

5 Wie gesund sind Sie?

A13

Über Gesundheit sprechen

a) Wählen Sie einen Text aus. Lesen Sie und machen Sie Notizen.
b) Informieren Sie die Gruppe.

→ Ü26 – Ü27

Leben ist für mich Sein

Ich bin 35 Jahre alt, habe drei Kinder und bin HIV-positiv. Als ich das vor drei Jahren erfahren habe, war das ein Schock: Ich Aids! Meine Arbeitskolleginnen haben mit mir nicht mehr gesprochen. Ich habe mich isoliert und alleine gefühlt.
Heute kann ich meine Krankheit akzeptieren. Ich habe nur wenige Freunde, aber mit ihnen kann ich offen über meine Krankheit sprechen. Ich lebe jetzt bewusst und bin nicht mehr so gestresst. Ich nehme mir Zeit, esse gesund und höre auf meine innere Stimme. Ich will nicht richtig krank werden, denn Leben ist für mich Sein. Ich kann ja auch nicht einfach sterben, denn die Kinder brauchen mich.

Claudia Sch., 35

So richtig gesund bin ich nie

Früher hatte ich immer sehr starke Kopfschmerzen, Tag und Nacht. Mein Arzt hat mir Tabletten gegeben. Am Anfang habe ich zwei oder drei genommen, und es hat nicht geholfen; dann habe ich immer mehr genommen: Ich war süchtig. Ohne Pillen ist es nicht mehr gegangen. Das war eine schreckliche Zeit! Heute geht es mir wieder besser. Ich schlucke keine Pillen mehr, aber Kopfweh habe ich immer noch – so richtig gesund bin ich nie.

Martha M., 65

Kein Alkohol – kein Tabak

Gesundheit bedeutet mir alles. Ich mache jeden Morgen Gymnastik. Auch beim Essen achte ich auf die richtige Ernährung; deshalb trinke ich keinen Alkohol und rauche nicht. Ich fühle mich richtig gut und habe viel Energie.

Lea V., 18

Die Seite für unsere Leserinnen und Leser

SANO-FIT UMFRAGE:

Wie gesund sind Sie?

Die Welt ist schön

Vor zwei Jahren war ich in einer Klinik, weil ich schwere Depressionen hatte. Ich habe mich völlig kaputt gefühlt, und die ganze Welt war nur noch grau. Ich habe in der Klinik eine Maltherapie angefangen. Heute kann ich mich wieder freuen, wenn ich andere Menschen sehe oder in der Natur bin. Ab und zu kommt das alte Gefühl wieder; aber nach zwei, drei Tagen geht es zum Glück vorbei.

Martin Z., 32

Krank sein ist gefährlich

Schon als Kind war ich nie krank. Mein Vater hat immer gesagt: „Krankheit bedeutet Schwäche." Ich habe keine Zeit, krank zu sein. Ich habe viel zu viel Arbeit. Ich bin manchmal am Wochenende etwas müde; dann nehme ich Tropfen und Tabletten, und am nächsten Tag bin ich wieder fit. Krank sein ist gefährlich: Ein Kollege hat die Arbeit verloren, weil er zu viel krank war.

Walter L., 25

A14

Wie gesund sind *Sie?* Waren Sie schon krank oder im Krankenhaus?

A13 Ich habe den Text von … gelesen. Sie sagt, dass … . / Er schreibt, dass … .
Ich finde, … .

A14 Darüber möchte/kann ich nicht sprechen.
Ich fühle mich gut. Manchmal habe ich Probleme mit … .
Mit 15 habe ich eine Operation am Knie gehabt. Da … .
Vor zwei Jahren habe ich mir das rechte Bein gebrochen/verstaucht.
Im letzten Sommer habe ich einen Autounfall gehabt. Da … .

6 Aussprache

Konsonanten / -verbindungen: z, -tion, pf, x, chs, qu

$[ts]$ ← zehn / Satz / rechts / Information   *Zeit / jetzt* · *nichts / Situation*

$[ks]$ ← Taxi / mittags / sechs / links   *Text / sonntags / wechseln*

$[pf]$ — empfehlen   *Pfeffer / Kopf*

$[kv]$ — bequem   *Qualität*

1. Kopfschmerzen? Dr. Pfeifer empfiehlt Kopfmassage oder Kopfstand!
2. Zahnschmerzen? Zuerst die Zähne putzen und zur Not zum Zahnarzt!
3. Erschöpft? Dr. Fuchs empfiehlt mittags sechs Tropfen Kräuterextrakt!

Satzakzent

▷ S. 114 (E)

> Sie bleibt nicht nur einen Tag im Bett, sondern drei.
>
> Ihr Hals tut nicht mehr weh, aber ihr Kopf.
>
> Sie nimmt keine Tablette, sie geht lieber spazieren.

In **Satzgefügen**, die einen **Gegensatz** ausdrücken, liegt der **Hauptakzent** meist **im bejahten Teilsatz**.

Sie bleibt nicht nur einen Tag im Bett, sondern drei. ↘ ...

7 Wortschatz

der Kopf · das Gesicht · das Auge · die Nase · der Mund · die Lippe · der Zahn · der Arm · die Hand · der Finger · das Bein · das Knie · der Fuß

das Haar · das Ohr · der Hals · die Haut · der Körper · die Brust · das Herz · der Bauch · der Rücken · die Zehe

A15

Laute unterscheiden

a) Lesen Sie halblaut mit.
b) Sprechen Sie die Beispiele.
→Ü28 – Ü29

A16

Hören Sie und sprechen Sie nach.

A17

Satzakzent üben

a) Lesen Sie halblaut mit.
b) Sprechen Sie die Beispiele.
→Ü30 – Ü32

A18

Wort-Kreis „Der Körper"

a) Lesen Sie die Wörter halblaut im Kreis (links oder rechts herum).
b) Diktieren Sie ihrem Partner / Ihrer Partnerin die Wörter.

A19

Wort-Partner: „Das Gesicht"

a) Suchen Sie passende Adjektive zu den Teilen des Gesichts, z.B.: *der runde Kopf.*
b) Schließen Sie die Augen. Sprechen Sie die Ausdrücke.

8 Grammatik

→Ü2 – Ü3,
Ü23 – Ü25

Attributives Adjektiv (2): Nominativ, Akkusativ, Dativ

Frau Knup ist krank. Sie hat eine schwere Grippe, hohes Fieber und starke Schmerzen.
Der Arzt gibt ihr ein starkes Mittel gegen das hohe Fieber. Und sie soll heißen Tee trinken.
„Heißer Tee ist auch ein gutes Mittel bei einer schweren Grippe", sagt er.

Sie hat [____] hohe[s] Fieber.
Der Arzt gibt ihr ein starkes Mittel gegen da[s] hohe [__] Fieber.

> SUBSTANTIV-GRUPPE:
> ARTIKEL-WORT + ADJEKTIV MIT ENDUNG + SUBSTANTIV

In der Substantiv-Gruppe hat der Artikel oder die Adjektivendung ein Kasus-Signal □.

a) Adjektivendungen nach dem bestimmten Artikel (Singular)

SING.	MASKULIN			NEUTRUM			FEMININ		
NOM.	de[r]	heiß e	Tee	da[s]	gut e	Mittel	di[e]	schwer e	Grippe
AKK.	de[n]	heiß en	Tee						
DAT.	de[m]	heiß en	Tee	de[m]	gut en	Mittel	de[r]	schwer en	Grippe

b) Adjektivendungen nach dem unbestimmten Artikel *ein-, kein* und Possessivartikel (Singular)

SING.	MASKULIN			NEUTRUM			FEMININ		
NOM.	(k)ein	heiß e[r]	Tee	(k)ein	gut e[s]	Mittel	(k)ein[e]	schwer e	Grippe
AKK.	(k)eine[n]	heiß en	Tee						
DAT.	(k)eine[m]	heiß en	Tee	(k)eine[m]	gut en	Mittel	(k)eine[r]	schwer en	Grippe

c) Adjektivendungen nach Null-Artikel (Singular)

SING.	MASKULIN			NEUTRUM			FEMININ		
NOM.	[____]	heiß e[r]	Tee	[____]	gut e[s]	Mittel	[____]	schwer e	Grippe
AKK.	[____]	heiß e[n]	Tee						
DAT.	[____]	heiß e[m]	Tee	[____]	gut e[m]	Mittel	[____]	schwer e[r]	Grippe

d) Adjektivendungen im Plural

PLURAL	MIT ARTIKEL-WORT		OHNE ARTIKEL-WORT	
NOM. AKK.	di[e]	stark en Schmerzen	[____]	stark [e] Schmerzen
DAT.	de[n]	stark en Schmerzen	[____]	stark e[n] Schmerzen

Hauptsatz und Nebensatz (3): Konditionalsatz mit realer Bedingung

→Ü17 – Ü18

a) Hauptsatz vor Nebensatz:

b) Nebensatz vor Hauptsatz:

Niklas lebt in Berlin

 A1

Erinnerung und Wiederholung

Wie lange haben Sie bis heute mit diesem Buch gearbeitet? Wie viele Stunden im Kurs und zu Hause?

 A2

In welchem Kapitel haben Sie das Perfekt gelernt? Wann die Präpositionen? Und wann die ersten Nebensätze?

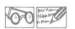 **A3**

Suchen Sie die Bilder (rechts) in Kapitel 1–14. Machen Sie dazu Notizen.

Das 15. Kapitel steht am Ende eines wichtigen Lernabschnittes. Es bringt keine neue Grammatik – aber eine ungewöhnliche Geschichte: Im Mittelpunkt steht Niklas, ein interessanter junger Mann mit sehr unterschiedlichen Interessen und Berufen.

Gleichzeitig ist „Niklas" ein Wiederholungskapitel, sprachlich und thematisch: Man kann viel Bekanntes wiedererkennen. Die folgenden Bilder zeigen Situationen und Themen aus den Kapiteln 1–14, die Teilen der Niklas-Geschichte sehr ähnlich sind.

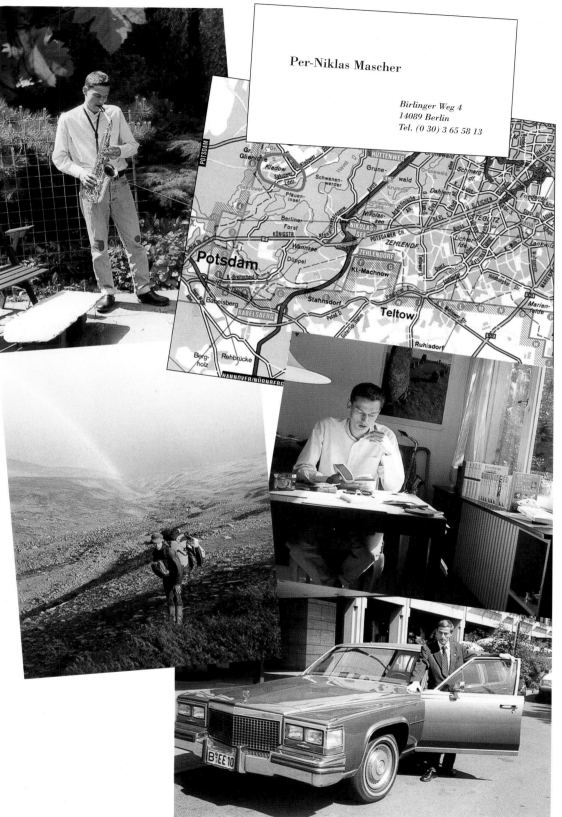

Per-Niklas Mascher

Birlinger Weg 4
14089 Berlin
Tel. (0 30) 3 65 58 13

A4

Eine Person beschreiben

Wer ist Niklas?

A5

Was erfahren Sie alles über Niklas? Notieren Sie.

A6

a) Machen Sie Notizen zu einer Person von Seite 104 oder zu anderen Personen aus Kapitel 1–14 (z. B. Robinson …).
b) Stellen Sie die Person vor (ohne Namen!). Die Gruppe rät.

A7

Informationen zu einer Veranstaltung verstehen

Wo spielt Niklas hier?
Lesen Sie die Einladung (rechts).

> S. 18

 A8

Warum schläft Niklas oft bis zum Mittag?

> S. 25

 A9

Wie spricht Niklas? Können Sie ihn gut verstehen?

 A10

Seit wie vielen Jahren spielt Niklas öffentlich Saxophon? Wie denkt er über sein Sax-Spiel?

> S. 19, 30

Niklas, 24, Student, spielt seit 13 Jahren Saxophon. Das Instrument passt gut zu Pop-Musik und Jazz, meint er.

Er spielt in Diskotheken, auf Festen, Partys und Kunstausstellungen, meist in Berlin, aber auch in London und in Stockholm.

Niklas spielt Solos zu CDs: „Der Job macht mir Spaß." Aber die Arbeit kostet sehr viel Zeit, weil die Partys spät anfangen und oft bis zum nächsten Morgen dauern.

Niklas hat manchmal mehrere Auftritte am Tag, etwa um 23 Uhr, um 1 Uhr und dann wieder um 3 Uhr morgens.

Meistens unterhält er sich danach noch mit Freunden und fährt dann erst nach Hause – per Anhalter, weil er kein Auto hat. Niklas schläft dann oft bis zum Mittag.

A11

Über historische Ereignisse sprechen

Schauen Sie die 2 Fotos (oben) an: Erinnern Sie sich an 1989/90? Was ist damals in Osteuropa und in Deutschland passiert?

Noch lebt Niklas bei seinen Eltern in Kladow, am Rande von Berlin, nahe bei Potsdam. Früher war hier die Grenzmauer zwischen West-Berlin und der DDR. Auf jedem Weg ins Zentrum von Berlin und zurück nach Kladow ist Niklas an dieser Mauer entlanggefahren. Der Grenzstreifen war streng bewacht und nachts hell erleuchtet. Direkt an der Mauer waren Wachtürme mit bewaffneten Soldaten. West-Berlin war wie eine Insel im Staatsgebiet der DDR.

Aber 1989 sind große politische Veränderungen passiert: in der Sowjetunion, in Polen, in Ungarn, in der Tschechoslowakei, in der DDR. Plötzlich war die Grenze in Deutschland offen; und die Menschen in Ost und West haben angefangen, die Mauer abzureißen.

Jetzt fährt Niklas mit seinem Mountain-Bike über die alte Grenze quer durch das Land.

Niklas hat zwei Muttersprachen, „weil ich Deutsch und Schwedisch von klein auf zur gleichen Zeit gelernt habe". Sprachen faszinieren ihn, und er spricht und lernt noch einige mehr. – Ich frage ihn: „Kannst du deine Sprachen hier in Berlin gut verwenden?"

A12

a) Wo wohnt Niklas? Vergleichen Sie Text, Fotos und Karte.
b) Was hat sich 1989 für ihn geändert?

S. 72–76

A13

Über Sprachen sprechen

a) Was ist die Muttersprache von Niklas? Wie viele Sprachen spricht er?
b) Wie und wo lernt er Fremdsprachen?

S. 19, 30–33, 36–39

A14

Orientierung: Ort, Weg, Sehens- würdigkeiten

a) Wie gefällt Ihnen Niklas jetzt?
b) Was macht er? Welche Funktion hat er hier?

 A15

Suchen Sie auf dem Stadtplan:
– den Tiergarten,
– die Straße des 17. Juni,
– „Unter den Linden",
– die Siegessäule,
– das Branden- burger Tor,
– den Reichstag,
– den Kurfürsten- damm,
– die Hofjägerallee.

 A16

a) Niklas ist Student und … – Wie wendet er seine Sprachen an? Was zeigt er seinen Gästen?
b) Hören Sie ein paarmal: Folgen Sie auf dem Stadtplan:

S. 12, 13, 15, 48

„... und dann biegen wir meistens an der Urania, am Ende des Kurfürstendamms, nach links ab, Richtung Tiergarten; das ist dann Richtung Norden. Fahren sozusagen die Hofjägerallee nach oben, durch den Tiergarten bis zu dem ..., bis zu der Sieges- säule. Und dort kommen wir auf den „17. Juni", eine sehr bekannte Paradestraße ..."

Von 1949–1990 waren in Deutschland zwei deutsche Staaten: die „Bundesrepublik Deutschland" und die „Deutsche Demokratische Republik". Das war die Folge des Zweiten Weltkrieges, den Deutschland 1939 begonnen hatte: die Teilung der Welt in „Ost" und „West" nach 1945.

Zwischen den beiden deutschen Staaten war seit 1961 „die Mauer"; und da waren fast keine Verbindungen von hier nach dort und von dort nach hier.

Niklas hat die Mauer, die nur fünf Minuten vom Haus seiner Eltern entfernt war, immer vor Augen gehabt. Seine Welt war begrenzt. Für Niklas, wie für alle Menschen in Deutschland, war es eine Sensation, als „die Mauer" plötzlich Löcher hatte. Berlin, seine Heimat, war mit einem Mal doppelt so groß wie bisher. Niklas schreibt: „Berlin ist zwar immer noch vom Gefühl her zwei Städte, aber ..."

S. 30, 32, 57, 59

A17

Informationen zu historischen Ereignissen

Was ist in Ihrem Land zwischen 1945 und 1990 passiert?

A18

Warum war die Welt von Niklas bis 1989 eng und begrenzt?

A19

a) Versuchen Sie, die Handschrift von Niklas zu lesen.
b) Wie beschreibt er die „Lage" von Kladow?
c) Welche Vorteile hat für ihn die Öffnung der Mauer gebracht?

Zeitdauer und Zeiträume beschreiben

Vergleichen Sie die Fotos S. 107 (oben) mit dem Foto (rechts): Was hat sich geändert, was ist noch gleich? Wie viele Jahre sind wohl vergangen?

 A21

a) Was haben Sie von der Berliner „Reichstags-Verhüllung" gehört?
b) Kennen Sie andere Kunstwerke von Christo und Jeanne-Claude?

S. 45, 52, 88–93

Lieber Freund,

wie lange ist es her, dass du das Interview und die Fotos mit mir gemacht hast? Erinnerst du dich noch an diesen Grenzweg, wo ich mit dem Mountain-Bike gefahren bin? Erkennst du ihn wieder? Er wächst langsam zu. Das Foto ist nicht besonders gut; ein Schnappschuss, den meine Freundin gemacht hat. Aber du wirst mich wohl erkennen.

Hier in Berlin ist viel los. Wir werden Bundeshauptstadt! Im Zentrum bauen sie riesige Industriekomplexe, Ministerien und Verwaltungs-zentralen ...

Aber du weißt, ich interessiere mich mehr für Kunst. Das größte Ereignis war für mich die „Verhüllung" des Berliner Reichstages 1995. Du hast es bestimmt gelesen und gesehen: Christo und Jeanne-Claude haben das gigantische Gebäude in Stoff eingepackt – 100000 Quadrat-meter Kunststoff! Und plötzlich bewegte sich der schwere Klotz, war leicht und luftig. Millionen Besucher haben gestaunt.

Ich finde, das war ein tolles Symbol für den Neubeginn.

A22

„Verhüllen" Sie
einen Gegenstand
im Kursraum /
in der Schule.
Erklären und
diskutieren Sie Ihr
Kunstwerk.

Appendix 1: Pronunciation

Das Vokal-Viereck

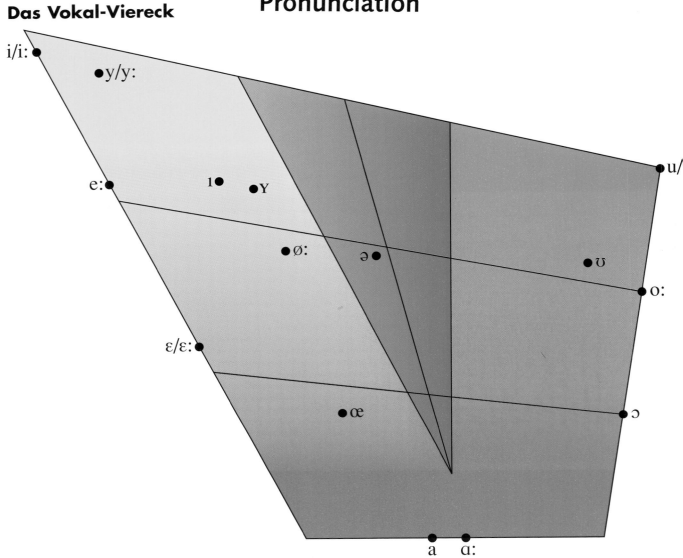

Das Vokal-Viereck „im Mund"

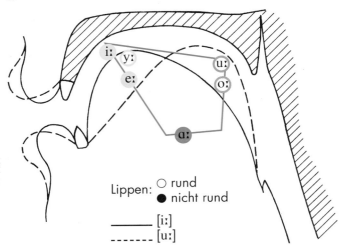

Lippen: ○ rund
● nicht rund

—— [i:]
----- [u:]

Aussprache-Regeln

A Vokale

Buchstaben Sie lesen/schreiben:	Aussprache Sie hören/sprechen:	Beispiele:
Vokal + Vokal Vokal + „h"	immer **lang**	*Sta**a**t, T**ee**, Z**oo**, s**ie** Sa**h**ne, se**h**en, i**h**r, fü**h**len*
Vokal + 1 Stammkonsonant	meistens **lang**	*T**a**g, Z**u**g, er h**ö**r-t*
Vokal + Doppelkonsonant	immer **kurz**	*Gr**upp**e, B**ett**, Z**uck**er*
Vokal + mehr Konsonanten	meistens **kurz**	*H**eft**, M**ärz**, H**erbst***

B Konsonanten

Buchstaben Sie lesen/schreiben:	Aussprache Sie hören/sprechen:	Beispiele:
„-b -d -g -s -v"	am Wort- und Silbenende: [p] [t] [k] [s] [f]	*Ver-**b** [p], un-**d** [t], Zu-**g** [k], Kur-**s**|raum **[s]**, positi-**v** [f],*
„ch"	[x] nach „a, o, u, au"	*la**ch**en, do**ch**, Bu**ch**, au**ch***
	[ç] nach allen anderen Vokalen	*i**ch**, mö**ch**te, eu**ch***
	nach „l, r, n"	*wel**ch**er, dur**ch**, man**ch**mal*
	in der Endung „-ig"	*fert-**ig***
	[k] vor den Buchstaben „a, o, u, l, r"	***Ch**aos, **Ch**or, **Ch**ur **Chl**or, **Chr**istiane*
„h"	[h] am Wort- und Silbenanfang	***H**aus, unter|**h**alten*
	nicht vor: [ə], „ig, -ung"	*se**h**en, ru**h**-ig, Dro**h**-ung*
„r"	[r] am Wort- und Silbenanfang nach kurzem Vokal	***r**ot, hö|**r**en He**rr***
	[ɐ] in der Endung „-er"	*Partn-**er***
	nach langen Vokalen und in den Vorsilben: „ver-, zer-, er-"	*Tü**r**, Uh**r**, **ver**|stehen **zer**|stören, **er**|klären*
„st, sp"	[ʃt] [ʃp] am Wort- und Silbenanfang	***St**adt, Aus|**sp**rache*
„v"	[v] bei Fremdwörtern am Wort- und Silbenanfang	***V**ideo, **V**okal, Kla|**v**ier*

C Akzente in Wort, Wortgruppe und Satz

Akzent<u>wort</u>:   *Wir gehen ins <u>Kino</u>.*

Akzent<u>silbe</u>:   *<u>Ki</u>no.*

Akzent<u>vokal</u>:   *K<u>i</u>no.*

(_ lang / . kurz)

Wort: Jedes Wort hat im Deutschen einen **festen Wortakzent** mit bestimmten Regeln:
kommen, ankommen, bekommen, Information, informieren

Wortgruppe: Substantive, Verben, Adjektive und Adverbien können im Satz einen Akzent tragen. Zusammen mit Pronomen, Präpositionen, Artikel-Wörtern bilden sie Wortgruppen, die **zusammen nur einen Akzent** haben, den **Wortgruppenakzent:**
wir gehen, zum Bahnhof, er fragt sie, ins Theater gehen

Satz: In jedem Satz gibt es einen **Satzakzent**. Den Satzakzent trägt das Wort mit der zentralen Information. In der sachlichen Aussage liegt er meist am Satzende:
Wir gehen heute ins Kino.

D Wortakzent

Typen von Wörtern:	Hier ist der Wortakzent:	Beispiele:
1. einfache **deutsche Wörter**	STAMMSILBE	*lesen, Sprache*
2. **nicht trennbare Verben**		*bekommen, erklären*
3. Substantive auf **„-ung"**		*Erklärung*
4. **trennbare Verben** und davon abgeleitete Substantive	PRÄFIX	*aufgeben, nachsprechen* *Aufgabe*
5. Nachsilbe **„-ei"**	LETZTE SILBE	*Bäckerei, Polizei*
6. **Buchstabenwörter**		*BRD, EU*
7. Endung **„-ion"**		*Information, Nation*
8. Endungen **„-ieren, -ismus"**	VORLETZTE SILBE	*funktionieren, Optimismus*
9. die meisten **Fremdwörter**	LETZTE / VORLETZTE SILBE	*Idee, Student, Dialog / Folklore*
10. **Komposita**	BESTIMMUNGSWORT	*Stadt|zentrum, Tomaten|salat*

E Satzakzent

1. Abhängig von der Situation betont man im Satz immer das Wort mit der **wichtigsten** Information:

Wo liegt das Buch?   – *Das Buch liegt unter dem Tisch.* (nicht neben dem Tisch)

Wo liegt das Buch?   – *Das Buch liegt unter dem Tisch.* (nicht unter dem Stuhl)

Was liegt unter dem Tisch? – *Das Buch liegt unter dem Tisch.* (nicht das Heft)

2. Abhängig vom Kontext betont man im Satz immer die **neue** Information:

Er geht ins Kino. Er geht mit Klaus ins Kino. Er geht morgen mit Klaus ins Kino.

Er geht ins Kino. Er geht morgen ins Kino. Er geht morgen mit Klaus ins Kino.

3. In der sachlichen Aussage liegt der Satzakzent meist **am Ende des Satzes**:

Karin und Jenny reiten nach Osten.	(Aussage)
Es gibt heute Brot, Butter und Käse	(Aufzählung)
Robinson sieht, daß er auf einer Insel ist.	(Nebensatz)
Er isst nicht zwei, sondern zehn Knödel.	(Gegensatz mit „sondern")

4. In Sätzen, die einen Gegensatz ausdrücken, haben beide Gegensatz-Wörter einen Akzent. Der Satzakzent liegt auf dem **bejahten Gegensatz-Wort**.

Sie nimmt keine Tabletten, sie will lieber spazierengehen.

F Sprechpausen

1. Wortgruppen und kurze Sätze spricht man ohne Pausen:
in der Stadt; ins Kino gehen; er geht ins Kino.

2. Eine kleine Pause macht man nach den Satzzeichen: **,** und **;**
Er wohnt in Hamburg, | und sie wohnt in München.

3. Eine große Pause macht man nach den Satzzeichen: **. ? ! – :**
Sie spielt Klavier. ‖ Morgen geht sie in ein Konzert.

G Sprechmelodie
1. Fallende Sprechmelodie:
Sie drückt aus: Ich spreche sachlich/entschieden. Emotion: Freude/Zorn.

Wir lernen hier Deutsch.	(Aussage)	*Gehen Sie!*	(Aufforderung/Befehl)
Wo wohnen Sie?	(W-Fragen: sachlich)	*Phantastisch!*	(Ausrufe)
Hören Sie zu, bitte.	(Aufforderung)	*Es reicht!*	

2. Steigende Sprechmelodie:
Sie drückt aus: Ich spreche höflich, freundlich, persönlich. Emotion: Erstaunen/Sehnsucht.

Wohnst du in Berlin?	(Satzfrage)	*In Berlin?*	(Rückfragen)
Wo wohnst du?	(W-Fragen: höflich / persönlich)	*Und wann kommt der Bus?*	
		Du fährst mit dem Bus?	(erstaunte Frage)

3. Gleichbleibende Sprechmelodie:
Sie drückt aus: Der Gedanke ist noch nicht abgeschlossen; ich bin unentschieden.
Emotion: Ängstlichkeit, Unentschiedenheit:

Sie kauft Brot, Käse, Butter und Milch.	im Satz vor Pausen (meist durch Komma markiert)
Er sagt: „Ich koche, und du wäschst ab!"	Redeankündigung
Sie sagt: „Wer kocht, kann auch abwaschen!"	

Die Beziehung von Buchstaben und Lauten im Deutschen

Buchstabe(n)	Laut(e)	Beispiele
a aa ah	[aː] [a]	Name, Staat, Zahl Stadt
ä äh	[ɛː] [ɛ]	Käse, zählen Männer
äu	[ɔy]	Häuser, heute
ai	[ai]	Mai
au	[au]	Pause
b bb -b	[b] [p]	haben, Hobby Verb
ch -chs	[ç] [x] [k] [ks]	ich Buch Chor sechs
d -d -dt	[d] [t] [t]	Dialog und Stadt
e ee eh -e(-) -er(-) ei eu	[eː] [ɛ] [ə] [ɐ] [ai] [ɔy]	lesen, Tee, sehr Fest danke (unbetont!) Partner (unbetont!) ein heute
f ff	[f]	für, Kaffee
g	[g]	gut
-g	[k]	Tag
h	[h]	Haus
i ie ieh ih -ig	[iː] [ɪ] [ɪç]	Kino, viel, (er) sieht, ihr trinken fertig
j	[j]	ja
k ck	[k]	Kurs, Frühstück
l ll	[l]	leben, wollen

Buchstabe(n)	Laut(e)	Beispiele
m mm	[m]	Monat, schwimmen
n nn	[n]	Name, wann
-ng	[ŋ]	singen, danke
o oh oo 	[oː] [ɔ]	Rom, wohnen, Zoo kommen
ö öh	[øː] [œ]	hören, fröhlich können
p pp	[p]	Pause, Gruppe
ph	[f]	Alphabet
qu	[kv]	bequem
r rh rr	[r]	rot, Rhythmus, Herr
s ss	[s] [z]	Haus, Cassette Seite
sch	[ʃ]	Schule
sp	[ʃp]	sprechen
st	[ʃt]	Studentin
ß	[s]	heißen
t tt th -tion	[t] [ts]	Text, bitte, Theater Information
u uh	[uː] [ʊ]	Juni, Uhr August
ü üh	[yː] [ʏ]	Zürich, fühlen fünf
v	[v] [f]	Vokal, Wort positiv
w	[v]	Wort
x	[ks]	Taxi
y	[yː] [ʏ]	Typ Rhythmus
z	[ts]	zehn

Appendix 2: Alphabetical Word Index

Usage Guide

The index includes all words, except for proper names, from Units 1–15. The additional words in the listening texts *(Lehrbuch-Cassetten)* are also not in the index.

The Index offers you the following information:

Word   Article   plural   The page in the text where the word appears for the first time with a given meaning.

Abend, der, -e; 12

Accented syllable: __long or .short vowel

Words **printed in bold** are part of the list of words for the „Zertifikats Deutsch als Fremdsprache". They are very common and are important for you to learn.

Irregular verbs are marked with *. You must always learn the past participle for these verbs. There is an alphabetical list of irregular verbs from Units 1–15 on pages 127–128.

Additional information is often given after the word and set in parentheses ( ):

AG (= Aktiengesellschaft, die)   → The complete word with article follows the abbreviation.
am (= an dem)   → Grammatical information for the word.
anziehen (sich)   → The verb can appear with or without the reflexive.

A
A (= Österreich); 18
ab; 15, 32
abbiegen *; 64
Abend, der, -e; 12
abends; 25
aber; 7, 35
abfahren *; 25
Abfahrt, die; 69
Abfahrtszeit, die, -en; 67
abkühlen; 82
Ablauf, der, "-e; 24
Abneigung, die, -en; 35
abräumen; 85
abreißen *; 107
Absatz, der, "-e; 90
Abschnitt, der, -e; 104
abschreiben *; 38
Absicht, die, -en; 35
abstrakt; 45
Abteil, das, -e; 69
Abwaschen *; 85
Abwechslung, die, -en; 74
ach!; 15
ach so; 10
achten; 22
Achtung!; 97
Adjektiv, das, -e; 47
Adresse, die, -n; 9
Afrika; 18
AG (= Aktiengesellschaft, die); 98
ah!; 22

äh; 10
ähnlich; 94
AIDS, (das), - (= Aids); 100
Akkusativ, der; 23
Akkusativergänzung, die, -en; 54
akut; 96
Akzent, der, -e; 10
Akzentsilbe, die, -en; 16
Akzentwort, das, "-er; 10
akzeptieren; 100
Alkohol, der; 100
alle; 7
Allee, die, -n; 108
allein; 27
alles; 15
Allgemeinzustand, der; 98
Alphabet, das, -e; 10
als; 39, 100
also; 14
alt; 15, 19
Alter, das; 19
altmodisch; 53
Altstadt, die; 49
Altstadtpanorama, das; 72
am (= an dem); 10, 15
Amerika; 18
amerikanisch; 32
amüsieren (sich); 109
an; 10
anbieten *; 33, 80
an Bord; 92
anbraten *; 82

ander-; 7
ändern (sich); 107
anders; 39
Anfang, der, "-e; 13
anfangen *; 92
Angebot, das, -e; 67
angenehm; 76, 80
Angst, die; 65
Anhalter, der, -; 106
ankommen *; 25
ankreuzen; 40
Ankunft, die; 12
Anlage, die; 91
anmalen; 38
Anmeldung, die, -en; 13
anonym; 75
anrufen *; 26
anschauen; 25
ansehen; 31
antik; 91
Antwort, die, -en; 21
antworten; 8
anwenden; 108
anziehen (sich) *; 80
Apfel, der, "-; 96
Apfelkuchen, der, -; 14
Apfelsaft, der; 14
Apfelshampoo, das, -s; 96
Apothekerin, die, -nen; 36
Apparat, der, -e; 90
Appetit, der; 81
April, der; 18
Arbeit, die, -en; 25

arbeiten; 8
Arbeitgeber, der, -; 98
Arbeitsblatt, das, "-er; 31
Arbeitsbuch, das, "-er; 39
Arbeitskollegin, die, -nen; 100
Arbeitstag, der, -e; 25
arm; 89
Arm, der, -e; 97
Artikel, der, -; 23, 25
Artikel-Wort, das, "-er; 23
Asien; 18
Arzt, der, "-e; 98
Atem, der; 96
Atlas, der, Atlanten; 38
atmen; 96
Atmosphäre, die; 32
Atmung, die; 98
attributiv; 47
-au (= die Au(e), -(e)n); 64
Aubergine, die, -n; 82
auch; 7
auf; 16
auf Wiederhören!; 26
auf Wiedersehen!; 33
aufbauen; 74
Aufenthaltsraum, der, "-e; 32
Aufforderung, die, -en; 11
Aufforderungssatz, der, "-e; 11
Aufgabe, die, -n; 31
aufhängen; 58

aufnehmen *; 38
aufpassen; 39
aufrecht; 97
aufschneiden *; 89
aufstehen *; 25
Auftrag, der, "-e; 35
Auftritt, der, -e; 106
aufwachen; 98
Auge, das, -n; 90
August, der; 18
Auktion, die, -en; 90
aus; 8, 50, 52
ausatmen; 96
Ausbruch, der, "-e; 91
Ausdruck, der, "-e; 34, 68
ausdrücken; 101
Ausflug, der, "-e; 27
ausfüllen; 13
ausgezeichnet; 81
Ausgrabung, die, -en; 91
Auskunft, die, "-e; 98
Ausland; 98
Ausländerin, die, -nen; 49
ausleihen *; 31
Ausruf, der, -e; 22
Ausrufezeichen, das, -; 60
Aussage, die, -n; 11
Aussagesatz, der, "-e; 11
ausschalten; 85
ausschneiden *; 37
aussehen *; 44, 99
außen; 76
außer; 80
außerdem; 30
äußern; 20
Aussicht, die; 48
Aussprache, die; 10
aussprechen *; 40
aussteigen *; 25
Ausstellung, die, -en; 15
Australien (= AUS); 18
auswählen; 81
Ausweis, der, -e; 31
Auto, das, -s; 25
Autobahn, die, -en; 67
Autounfall, der, "-e; 100

B
-bach (= der Bach, "-e); 64
backen *; 85
Bäcker, der, -; 75
Bäckerei, die, -en; 75
Backrohr, das, -e; 82
Bad, das, "-er; 48
Bahn, die; 66
Bahnfahrt, die, -en; 67
Bahnhof, der, "-e; 12
Bahnsteig, der, -e; 69
bald; 36

Ballett, das; 15
Ballon, der, -s; 21
Bananen-Wettlauf, der, "-e;
  32
Band, die, -s ; 20
Bank, die, "-e; 38
Bank, die, -en; 73
Bauch, der, "-e; 89
Bauchschmerzen, die (Pl);
  89
bauen; 73
Bauernhaus, das, "-er; 49
Bauernhof, der, "-e; 56
Baum, der, "-e; 45
Baustelle, die, -n; 72
Bayerische Wald, der; 58
beantworten; 31
bedeuten; 100
Bedeutung, die, -en; 35
bedienen (sich); 80
Bedienung, die; 75
Bedingung, die, -en; 103
beeilen, sich; 86
Befehl, der, -e; 87
befragen; 49
Beginn, der; 21
beginnen *; 18
begleitend; 40
Begleiter, der, -; 93
begrenzt; 109
begründen; 52
Begrüßung, die, -en; 24
behaupten; 56
bei; 13, 96
beide; 56
beides; 34
Beilage, die, -n; 82
beim (= bei dem); 30
Bein, das, -e; 97
Beispiel, das, -e; 34
bejaht; 101
bekannt; 15
Bekannte, das; 104
Bekannte, der/die, -n; 27
bekommen *; 31
benutzen; 53
beobachten; 93
bequem; 67
beraten *; 31
bereichernd; 109
Berg, der, -e; 61
Bericht, der, -e; 21
berichten; 33
Beruf, der, -e; 19
berühmt; 91
bescheiden; 89
beschreiben*; 25
Beschreibung, die, -en; 45
besonders; 32, 81

besprechen *; 93
Besprechung, die, -en; 26
Besteck, das; 85
bestellen; 14
Bestellung, die, -en; 85
bestimmt; 23, 57
Besuch, der, -e; 98
besuchen; 31
Besucher, der, -; 21
betonen; 53
betont; 29
Betonung, die, -en; 44
Betrieb, der, -e; 31
Bett, das, -en; 28
Bettdecke, die, -n; 52
bewachen; 107
bewaffnet; 107
Bewegung, die, -en; 63, 97
bewerten; 10
bewusst; 100
bezahlen; 66, 83
Beziehung, die, -en; 98
Bibliothek, die, -en; 12
Bier, das; 25
Big-Band, die, -s; 32
Bild, das, -er; 30
bilden; 63
Billard, das; 27
billig; 49
Binde, die, -n; 98
Bindestrich, der, -e; 60
bis; 16, 25, 80
bis auf; 92
bitte; 9, 12
blass; 52
Blatt , das, "-er; 21, 31, 58
blau; 38
blaugrau; 44
blaugrün; 42
bleiben *; 85, 97
Bleistift, der, -e; 38
Blick, der; 49
blind; 65
Block, der, "-e; 50
blond; 56
Blues, der; 20
Blut, das; 89
Boden, der, "-; 51
Boje, die, -n; 109
Boot, das, -e; 92
Boutique, die, -n; 73
brasilianisch; 92
braten *; 85
Braten, der; 83
brauchen; 30, 69
braun; 43
brechen (sich) *; 100
Breitengrad, der, -e; 92
Brief, der, -e ; 27

bringen *; 58
Brot, das; 75
Brötchen, das, -; 81
Brücke, die, -n; 58
Bruder, der, "-; 52
Brust, die; 97
Buch, das, "-er; 28
buchstabieren; 13
Büfett, das, -s; 32, 81
Bundeshauptstadt, die;
  110
Bundesrepublik Deutsch-
  land, die (= BRD); 73
Bundesstraße, die, -n; 64
bunt; 43
-burg (= die Burg, -en); 64
Büro, das, -s; 25
bürsten; 96
Bus, der, -se; 15
Butter, die; 52

C
ca. (= circa); 74
Café, das, -s; 14
Cappuccino, der, -s; 14
Cassette, die, -n; 10
CD, die, -s; 22
CH (= die Schweiz); 18
Checkliste, die, -n; 98
chic/schick; 80
China; 77
Chor, der, "-e; 60
circa (= zirka); 65
City-Info, die; 16
City-Information, die; 12
Club, der, -s; 18
Club-Tour, die; 18
Cola, das/die, -s; 14
Collage, die, -n; 77
Computer, der, -; 51
Computerprogramm, das,
  -e; 31
Curry, der; 83
CZ (= die Tschechische
  Republik); 18

D
D (= Deutschland); 18
da; 12, 66
da sein *; 18, 26
dabei sein; 50, 83
Dach, das, "-er; 44
Dachboden, der, "-; 53
dafür; 73
daheim; 39
dahinter; 72
damals; 107
damit; 67
danach; 39

Dank, der; 12
danke; 12
danken; 87
dann; 12, 36, 96
darauf; 82
darin; 37
darüber; 82
das; 8, 10
dass; 31
Dativ, der; 41
Dativergänzung, die, -en;
   54
Datum, das, Daten; 21
Dauer, die; 65
dauern; 21
davor; 45
dazu; 38
dazu gehören; 50
dazu gießen *; 82
DDR, die (= Deutsche Demokratische Republik); 107
Decke, die, -n; 51
decken; 85
dein-; 41
Deklination, die, -en; 41
denken *; 30
denn; 16, 59
Depression, die, -en; 100
der; 12, 89
deshalb; 39
Desinfektionsmittel, das, -;
   98
deutsch; 30
Deutsch; 7
Deutschbuch, das, "-er; 38
Deutsche Demokratische
   Republik, die (= DDR); 73
Deutsche, der/die, -n; 8
Deutschkurs, der, -e; 10
Deutschland; 18
Dezember, der; 18
Dia-Vortrag, der, "-e; 32
Dialog, der, -e; 10
dicht; 73
die; 7, 12
die (Pl); 8
Diener, der, -; 93
Dienstag, der (= Di); 26
diesmal; 92
Diktat, das, -e; 31
diktieren; 101
Ding, das, -e; 74
Diphthong, der, -e; 46
direkt; 65
Disco, die, -s; 32
Discothek, die, -en; 106
diskutieren; 25
DM (= Deutsche Mark); 67
doch; 15, 17

Doktor, der; 89
Donau, die; 58
donnern; 91
Donnerstag, der (= Do); 26
Doppelpunkt, der, -e; 60
doppelt; 109
Dorf, das, "-er; 43
dort; 25
Dr. (= Doktor, der); 98
drängen (sich); 84
draußen; 44
drehen (sich); 97
Dresdner, der, -; 72
Dresdnerin, die, -nen; 74
drüben; 65
drücken; 96
du; 6
dunkel; 44
dunkelrot; 44
Duo, das, -s; 90
durch; 45, 96
Durchfall, der, "-e; 98
dürfen *; 35
duschen (sich); 25
duzen; 77

E
E (= Spanien); 18
echt; 51
eckig; 51
ehemalig; 109
Ei, das, -er; 28
eigen-; 22
eigentlich; 36
Eile, die; 73
ein-; 12
ein paar; 52
einatmen; 96
Eindruck, der, "-e ; 76
einfach; 13, 66, 96
einig-; 32
einkaufen; 27
Einkaufsstraße, die, -n; 73
Einkaufszentrum, das,
   -zentren; 73
Einkaufszettel, der, -; 83
einladen *; 27
Einladung, die, -en; 33
Einleitung, die, -en; 92
einmal; 14, 25
einpacken; 110
Einrichtung, die; 50
einrühren; 82
einsam; 92
einschalten; 85
einschlafen *; 92
einschließen *; 109
einsteigen *; 69
Eintritt, der; 21

Eintrittskarte, die, -n; 48
Einweihungsparty, die,
   -partys; 51
Einzelzimmer, das, -; 12
einzig-; 93
einzigartig; 67
Eis, das; 83
Elbe, die; 72
elegant ; 80
Elektriker, der, -; 98
Eltern, die (Pl); 107
empfehlen *; 39, 99
Ende, das; 18
endlich; 53
endlos; 44
Endung, die, -en; 11
Energie, die, -n; 100
eng; 49
England; 18
Englisch; 7
entdecken; 40
entfernt; 109
entführen; 88
entlang; 65
entlang fahren *; 107
Entschuldigung!; 9
entspannen (sich); 96
entspannt; 97
entstehen *; 72
entzündet; 98
er; 6
erbauen; 15
erbauen, sich; 88
Erdboden, der; 72
Erdgeschoss, das, -e; 53
Ereignis, das, -se; 107
erfahren *; 100
ergänzen; 10
Ergänzung, die, -en; 54
erhalten *; 91
erhitzen; 82
erinnern (sich); 107
Erinnerung, die, -en; 92
erkälten, sich; 98
erkennen *; 110
erklären; 39
Erlaubnis, die; 35
erleuchtet; 107
Erlös, der, -e; 32
Ernährung, die; 100
ernst; 33
ernten; 93
Eröffnung, die, -en; 32
erreichen; 39, 109
erschließen *; 94
erschöpft; 92
erschrecken *; 93
erst; 25, 36
Erste Hilfe, die; 98

ertrinken *; 92
erwachen; 94
erwachsen; 74
erzählen; 25
Erzähler, der, -; 90
es; 12
es geht; 20
es gibt; 12
Espresso, der, -s; 14
Essen, das, -; 26
Essig, der; 77
Etage, die, -n; 53
Etui, das, -s; 38
etwa; 12
etwas; 16
eu(e)r-; 41
Europa; 7
Europa-Tournee, die, -n; 21
exotisch; 88
explosiv; 21
Extrakt, der, -; 96

F
F (= Frankreich); 18
Fachgeschäft, das, "-e; 75
Fähigkeit, die, -en; 35
Fähre, die, -en; 58
fahren *; 64
Fahrkarte, die, -n; 66
Fahrplan, der, "-e; 69
Fahrt, die, -en; 67
fallen *; 10
falten; 32
Familie, die, -n; 8
Farbe, die, -n; 38
Farbname, der, -n; 42
Farbsymphonie, die, -n; 42
Farbwort, das, "-er; 42
fast; 46
faszinieren; 107
Februar, der; 18
Federmäppchen, das, -; 38
fehlen; 45
Fehler, der, -; 37
feiern; 32
fein; 83
Feld, das, -er; 56
Fell, das, -e; 93
feminin; 23
Fenster, das, -; 45
Ferien, die (Pl); 66
Ferienanfang, der; 66
fernsehen *; 27
Fernsehen, das; 30
fertig; 51
Fest, das, -e; 28
festliegen *; 92
fettig; 96
Fieber, das; 98

Filetsteak, das, -s; 83
FIN (= Finnland); 18
finden *; 16, 20
Finger, der, -; 96
Finnland; 22
Fisch, der, -e; 77
fit; 48
Fleisch, das; 75
flexibel; 67
fliegen *; 57
Flieger, der, -; 38
fließen *; 64
Floß, das, "-e; 92
flüchten; 93
Flüchtling, der, -e; 93
Flug, der, "-e; 65
Flughafen, der, "-; 69
Flugzeug, das, -e; 69
Flur, der, -e; 32
Fluss, der, "-e; 58
Folge, die, -n; 97
folgen; 16
folgend; 104
Folk, der; 22
Folklore, die; 22
Forelle, die, -n; 83
Form, die, -en; 37, 82
Formular, das, -e; 99
Forum, das, Foren; 91
Foto, das, -s; 31
Frage, die, -n; 11
fragen; 8
Fragewort, das, "-er; 84
Fragezeichen, das, -; 60
Frankreich; 18
Französisch; 7
Frau, die, -en; 12, 48
frei; 84
Freitag, der (= Fr); 26
Freizeit, die; 27
fremd; 12
Fremdsprache, die, -n; 30
Fremdwort, das, "-er; 29
fressen *; 89
Freude, die; 68
freuen, sich; 33, 53
Freund, der, -e; 25, 33
Freundin, die, -nen; 14
freundlich; 75
frisch; 52, 96
fröhlich; 32
Frucht, die,"-e; 83
Früchtereis, der; 83
früh; 36
früher; 49
früher-; 109
Frühling, der; 61
Frühstück, das; 25
frühstücken; 25

fühlen (sich); 40, 96
führen; 64
Füller, der, -; 38
Funktion, die, -en; 108
für; 12, 18
Fürsorge, die; 77
Fuß, der, "-e; 13, 93
Fußball, der; 98
Fußboden, der, "-; 52
Fußgängerzone, die, -n; 73
Futter, das; 75

G
g (= Gramm); 82
Gabel, die, -n; 85
ganz; 13, 21
Ganze, das; 50
gar; 68, 88
Gartenparty, die, -s; 80
Gasse, die, -n; 16
Gast, der, "-e; 32
Gastgeber, der, -; 51
Gastgeberin, die, -nen; 51
Gaukler, der, -; 88
GB (= Großbritannien); 18
Gebäude, das, -; 72
geben *; 12, 22
Gebiet, das, -e; 107
Gebrauch, der; 62
Gedanke, der, -n; 95
Gedicht, das, -e; 68
gefährlich; 100
gefallen *; 20
Gefallen, das; 20
Gefangene, der/die, -n; 93
Gefühl, das, -e; 100
gegen; 80, 84, 93
Gegensatz, der, "-e; 101
Gegenstand, der, "-e; 38
gehen *; 12, 20, 24, 27
gehören; 54, 98
gelb; 38
Geld, das; 89
gelten *; 67
Gemälde, das, -; 72
gemeinnützig; 32
gemeinsam; 33
gemischt; 83
Gemüse, das; 75
genau; 13
genauso; 76
genug; 93
Geographie, die; 91
geographisch; 64
gerade; 8, 97
geradeaus; 12
geräuchert; 83
Geräusch, das, -e; 61
Geräuschemacher, der, -; 90

Gericht, das, -e; 83
gern(e); 12, 20
Geschäft, das, -e; 50
geschehen *; 72
Geschichte, die, -n; 61
Geschirrspülmaschine, die,
  -n; 50
Gesicht, das, -er; 96
Gespräch, das, -e; 57
Gesprächsklima, das; 98
gestalten; 91
Gestaltung, die; 91
gestern; 84
gestreift; 44
gestresst; 100
gesund; 48
Gesundheit, die; 96
Gesundheitsmagazin, das,
  -e; 96
Getränk, das, -e; 14
Getreide, das, -; 92
gewaltig; 92
Gewehr, das, -e; 92
Gewicht, das; 98
Gewinnausgabe, die; 32
Gewitter, das, -; 57
gewöhnlich; 104
gießen *; 82
gigantisch; 110
Gitarre, die, -n; 32
Glanz, der; 96
Glas, das, "-er; 25, 90
glauben; 51, 72
gleich; 12, 28
gleichfalls; 81
gleichzeitig; 104
Glück, das; 60, 100
Gospel, das/der, -s; 32
Gott, der, "-er; 21
Grad, der, -; 99
Graduierung, die; 78
Graffito, das, Graffiti; 73
Grammatik, die, -en; 10,
  31
grammatisch; 37
Gras, das, "-er; 61
gratulieren; 51
grau; 43
graubraun; 44
Grenze, die, -n; 57
Grenzmauer, die, -n; 107
Grenzstreifen, der, -; 107
Grenzweg, der, -e; 110
griechisch; 81
Grill, der, -s; 83
Grippe, die; 98
groß; 31, 37
großartig; 48
Großbritannien; 7

Großkaufhalle, die, -n; 75
Großstadt, die, "-e; 73
Grüezi!; 6
grün; 42
grünblau; 42
Grund, der, "-e; 36
gründlich; 96
Grundstufe, die; 31
grüngelb; 45
grünlich; 52
Gruppe, die, -n; 30
Gruppenarbeit, die, -en; 37
Gruß, der, "-e; 67
gucken; 74
günstig; 67
Gurke, die, -n; 82
gut; 6, 12, 32
Guten Abend!; 12
Gute Nacht!; 24
Guten Appetit!; 81
Guten Morgen!; 24
Guten Tag!; 6
Gymnastik, die; 97

H
H (= Ungarn); 18
Haar, das, -e; 96
haben *; 13
haha!; 48
halb; 24
halbblaut ; 10
Hälfte, die, -n; 97
Halle, die, -n; 15
hallo!; 10, 80
Hals, der, "-e; 96
halten * (sich); 77
Hand, die, "-e; 93
Händler, der, -; 74
Handlung, die, -en; 21
Handschrift, die, -en; 109
Handtuch, das, "-er; 52
Hängematte, die, -n; 92
hängen *; 58
harmonisch; 45
hässlich; 45
häufig; 98
Hauptakzent, der, -e; 101
Hauptbahnhof, der (= Hbf.),
  "-e; 13
Hauptkirche, die, -n; 15
Hauptsatz, der, "-e; 95
Hauptspeise, die, -n; 83
Hauptstadt, die, "-e; 7
Hauptstraße, die, -n; 16
Haus, das, "-er; 15
Haushalt, der, -e; 75
Haut, die; 94
he!; 65
Heft, das, -e; 28

Heimat, die; 109
heiß; 14
heißen *; 8, 56
heizen; 48
helfen *; 31
hell; 45
hellgelb; 45
her; 109
herbeilaufen *; 88
Herbst, der; 61
Herd, der, -e; 50
Herr, der, -en; 26
herrichten; 82
herrlich; 43, 81
herrschen; 73
herum; 101
Herz, das; 98
herzlich; 67
hier; 13, 26
Hilfe, die, -n; 31
Himbeere, die, -n; 84
Himmel, der; 43
hin (und zurück); 58
hinein; 53
hin reiten *; 59
hinten; 16
hinter; 57
Hintergrund, der; 91
hinüber; 92
historisch; 107
HIV-positiv; 100
hm!; 50, 83
Hobby, das, -s; 56
hoch; 16
Hochhaus, das, "-er; 49
hoffen; 94
Höhe, die; 48
Höhepunkt, der, -e; 93
holen; 92
Holländerin, die, -nen; 14
Holz, das; 51
Holzpfahl, der, "-e; 93
Honig, der; 74
hören; 6
Hotel, das, -s ; 12
Hotelzimmer, das, -; 12
Hügel, der, -; 45
Huhn, das, "-er; 83
Hund, der, -e; 92
Hunger, der; 14
hurra!; 22
Hut, der, "-e; 66

I
i!; 22
IC, der (= Intercity); 66
ich; 6
Idee, die, -n; 59
identifizieren; 57

igitt!; 22
ihr; 17
ihr-; 30
ihr- (Pl); 32
Ihr-; 9
im (= in dem); 7
Imker, der, -; 75
Imkerei, die, -en; 74
immer; 18
Imperativ, der, -e; 11
in; 7
individuell; 31
Industriekomplex, der, -e; 110
Information, die, -en; 7, 12
informieren; 23
Inhalt, der, -e; 57, 98
Inhaltsangabe, die, -n; 92
innen; 76
inner-; 100
inoffiziell; 24
ins (= in das); 15
Insel, die, -n; 92
Institut, das, -e; 30
Instrument, das, -e; 19
instrumental; 40
inszenieren; 93
interessant; 15
Interesse, das, -n; 104
interessieren (sich); 32, 90
international; 32
Interpunktion, die; 60
Interview, das, -s; 18
irgendwie; 98
Irland; 43
isoliert; 48
Italien; 7
italienisch; 36
Italienisch; 36

J
ja; 12
Jahr, das, -e; 19
Jahrhundert, das, -e; 90
Januar, der; 18
Japan; 8
Japanisch; 8
Jazz, der; 20
Jazz-Band, die; 20
je; 44, 83
jede-; 30
jemand; 27
jetzt; 14
Job, der, -s; 106
Jog(h)urt, das/der, -s; 77
Jugendliche, der/die; -n; 109
Juli, der; 18
jung; 49

Junge, der, -n; 57
Jungenname, der, -n; 57
Juni, der; 18

K
Kaffee, der; 14
Kalbsbraten, der; 83
Kalender, der, -; 19
kalt; 14
Kamin, der, -e; 53
Kannibale, der, -n; 93
Kanu, das, -s; 93
Kapitän, der, -e; 93
Kapitel, das, -; 104
kaputt; 100
Karte, die, -n; 14, 16, 21
Kartoffelkroketten, die (Pl); 83
Kartoffelsalat, der, -e; 81
Käse, der; 14
Käse-Sandwich, das, -(e)s; 14
Käsekuchen, der, -; 14
Kasus-Signal, das, -e; 70
Katastrophe, die, -n; 91
Katze, die, -n; 75
kaufen; 50
Kaufhalle, die, -n; 75
kaum; 36
Kausalsatz, der, "-e; 95
kein-; 27
Keller, der, -; 48
kennen (sich) *; 33, 56
kennen lernen; 72
Kerl, der, -e; 89
kg (= Kilogramm); 82
Kilometer (= km), der, -; 64
Kind, das, -er; 49
Kino, das, -s; 15
Kirche, die, -n; 15
Kissen, das, -; 52
Klammer, die, -n; 29
Klang, der, "-e; 42
klar; 65, 92
Klasse, die, -n; 31, 66
Klassenzimmer, das, -; 38
Klassik, die; 20
Klavier, das, -e; 20
kleben; 37
Kleider, die (Pl); 32
Kleiderfarbe, die, -n; 42
klein; 14, 107
klingeln; 25
klingen; 48
Klinik, die, -en; 100
Klippe, die, -n; 92
klopfen; 16
Klotz, der, "-e; 110
km (= der Kilometer); 67

Knie, das, -; 97
Knoblauch, der; 83
Knoblauchrahmsuppe, die, -n; 83
Knochen, der, -; 93
Knödel, der, -; 89
Knödelfresser, der, -; 89
kochen; 27
kochend; 82
Kollege, der, -n; 34
Kollegin, die, -nen; 34
kombinieren; 34
komfortabel; 49
komisch; 45
Komma, das, Kommata; 60
kommen *; 8
Kommentar, der, -e; 45
Komparativ, der, -e; 78
komplett; 49
Komplex, der, -e; 110
Komposition, die, -en; 45
Kompositum, das, Komposita; 53
Konditionalsatz, der, "-e; 103
Konferenz, die, -en; 25
Konjunktion, die, -en; 95
können *; 31
Konsonant, der, -en; 29
Konsonantenverbindung, die -en; 101
konstruieren; 37
Kontakt, der, -e; 75
Kontrast, der, -e; 43
kontrollieren; 75
konzentrieren, sich; 96
Konzert, das, -e; 15
Kopf, der, "-e; 56
Kopfkissen, das, -; 52
Kopfstand, der, "-e; 101
Kopfweh, das; 100
Körper, der, -; 96
Körperteil, der, -e; 96
korrekt; 37
Korrespondenz, die, -en; 26
korrigieren; 10
Kostbarkeit, die, -en; 90
kosten; 12, 106
Kotelett, das, -s; 83
Kraft, die, "-e; 96
krank; 98
Krankenhaus, das, "-er; 100
Krankheit, die, -en; 98
Kräuterextrakt, der, -e; 96
Kräutershampoo, das, -s; 96
Kreide, die, -n; 38
Kreis, der, -e; 61

Kreuzung, die, -en; 12
Krieg, der, -e; 100
Kroketten, die (Pl); 83
Krug, der, "-e; 52
Küche, die, -n; 48, 83
Kuchen, der, -; 14
Küchenstuhl, der, "-e; 50
Kugelschreiber, der, -; 38
Kühlschrank, der, "-e; 85
Kuli, der, -s (= Kugelschreiber); 38
Kultur, die, -en; 25
Kunde, der, -n; 74
Kunst, die, "-e; 32
Kunstauktion, die, -en; 90
Kunstausstellung, die, -en; 106
Künstler, der, -; 90
Kunststoff, der, -; 110
Kunstwerk, das, -e; 110
Kurs, der, -e; 30
Kursraum, der, "-e; 38
Kursteilnehmer, der, -; 37
kurz; 10
Kurztext, der, -e; 30
Küste, die, -n; 92

L
l (= Liter); 82
lachen; 32
Laden, der, "-; 75
Lage, die, -n; 82
Lage, die; 109
Laken, das, -; 52
Lampe, die, -n; 38
Land, das, "-er; 6; 46, 49
landen; 69
Landkarte, die, -n; 38, 73
Landschaft, die, -en; 42
Landtag, der, -e; 72
lang; 18, 22
langsam; 25
Lanternista, die; 90
Lasagne, die; 81
lassen *; 81
Laterna Magica, die; 88
Laterne, die, -n; 90
laufen *; 36, 44
laut; 10
Laut, der, -e; 84
Lautschrift, die; 10
leben; 8
Leben, das, -; 78
Lebensgeschichte, die; 93
Lebensmittel, die (Pl); 76
leer; 89
legen; 82
leger; 80
Lehne, die, -n; 97

Lehrbuch, das, "-er; 30
lehren; 93
Lehrer, der, -; 28
Lehrerin, die, -nen; 36
Leibgericht, das, -e; 89
leicht; 30
leider; 26
leise; 10
Leiterin, die, -nen; 31
Lernabschnitt, der, -e; 104
lernen; 8
Lernen, das; 30
Lernmethode, die, -n; 39
Lernmöglichkeit, die, -en; 36
Lerntechnik, die, -en; 37
Lerntipp, der, -s; 38
Lernziel, das, -e; 37
lesen *; 7
Leuchtturm, der, "-e; 44
Leute, die (Pl); 24
Lexikon, das, Lexika; 91
Lichtermeer, das, -e; 53
lieb; 53
lieben; 42
lieber; 15
Lieblingshaus, das, "-er; 43
Lied, das, -er; 22
liegen *; 7
liegen bleiben *; 25
lila; 42
Limonade, die; 14
Lineal, das, -e; 38
Linie, die, -n; 45
links; 12
Lippe, die, -n; 96
Liste, die, -n; 98
literarisch; 77
Loch, das, "-er; 109
Löffel, der, -; 85
lokal; 40
los!; 58
los sein; 33, 66
losfahren *; 69
losgehen *; 25, 81
Lösung, die, -en; 31
Luft, die; 96
Luftballon, der, -s; 56
luftig; 110
Lust, die; 36
lustig; 88

M
machen; 15, 19, 66
Mädchen, das, -; 56
Mädchenname, der, -n; 57
Magazin, das, -e; 37
Magic; 21
Mai, der; 18

-mal; 48
Mal, das, -e; 93
malen; 38
Maler, der, -; 45
Malerin, die, -nen; 45
Maltherapie, die, -n; 100
man; 10
Manager, der, -; 36
manchmal; 27
Mann, der, "-er; 16, 36
Männchen, das, -; 97
Mantel, der, "-; 71
Märchen, das -; 48
Mark, die (= DM, DEM); 12
markieren; 38
markiert; 94
Markt, der, "-e; 13
Marktplatz, der, "-e; 16
Marktstand, der, "- ; 74
Marmelade, die, -n; 28
Marschmusik, die; 20
März, der; 18
maskulin; 23
Maß, das, -e; 48
Massage, die, -n; 101
massieren; 96
mäßig; 89
Maßstab, der, "-e; 92
Mast, der, -en; 93
Material, das, -ien; 98
Mauer, die, -n; 107
Medikament, das, -e; 98
Mediothek, die, -en; 31
Mediothekarin, die, -nen; 31
Meer, das, -e; 44
Mehl, das; 77
mehr; 31
mehrer-; 44
mehrmals; 97
Meile, die, -n; 92
mein-; 9
meinen; 30
Meinung, die, -en; 21
meist(ens); 34
melden (sich); 67
Mensch, der, -en; 6
Menschenfresser, der, -; 93
Menü, das, -s; 83
Merkzettel, der, -; 37
Messer, das, -; 85
Meter, der, -; 48
Methode, die, -n; 39
Metzgerei, die, -en ; 75
Miete, die, -n; 49
Milch, die; 14
Mind-map, die, -s; 22
mindestens; 96

Mineralwasser, das; 14
Mini-Pizza, die, -s/-Pizzen; 14
Ministerium, das, Ministerien; 110
Minute, die, -n; 13
Missfallen, das; 20
Mist, der; 85
mit; 10
mitbringen *; 31
miteinander; 93
mitfliegen *; 65
mitkommen *; 15
mitlesen *; 10
mitnehmen *; 31
Mittag, der; 24
mittags; 27
Mitte, die; 56
Mittel, das, -; 98
Mittelpunkt, der, -e; 104
Mittelstufe, die; 31
mitten; 48
Mitternacht, die; 24
Mittwoch, der (= Mi); 26
mixen; 21
Möbel, die (Pl); 51
möcht- ; 14
Modalverb, das, -en; 31
modern; 45, 97
mögen *; 20, 35, 81
möglich; 84
Möglichkeit, die, -en; 15
möglichst; 84
Moment, der, -e; 12, 94
Monat, der, -e; 18
Montag, der (= Mo); 26
Morgen, der, -; 24
morgen; 21
morgens; 67
Mosaik, das, -en; 91
Mosaikbild, das, -er; 91
Mountain-Bike, das, -s; 107
Mozzarella, der; 82
müde; 90, 96
Mund, der, "-er; 96
Mündung, die, -en; 92
Münster, das, -; 13
Murmelvokal, der, -e; 53
Museum, das, Museen; 15
Musical, das, -s; 15
Musik, die; 18
Musiker, der, -; 19
Musikerin, die, -nen; 22
Musikstil, der, -e; 22
Muskatnuss, die, "-e; 82
müssen *; 31
Muster, das, -; 37
Muttersprache, die, -n; 19

N

N (= Norwegen); 18
n. Chr. (= nach Christus);
91
na!; 65
nach; 18, 24, 92
nach Hause; 25
Nachbar, der, -n; 48
Nachmittag, der, -e; 24
nachmittags; 31
Nachname, der, -n; 8
Nachspeise, die, -n; 83
nachsprechen *; 16
nächst-; 66, 92
Nacht, die, "-e; 24
Nachteil, der, -e; 49
Nachtisch, der, -e; 84
nachts; 107
Nacken, der, -; 97
nahe; 92
Nähe, die; 75
Name, der, -n; 8
nämlich; 48
nanu!; 22
Narretei, die, -en; 88
Nase, die, -n; 96
nass; 96
Nationalität, die, -en; 8
Natur, die; 61
Naturkatastrophe, die, -n;
91
natürlich; 20, 96
Nazi, der, -s (= National-
sozialist, -en); 15
neben; 71
Nebensatz, der, "-e; 94
negativ; 17
nehmen *; 12
nein; 13
nennen (sich) *; 45, 90
Nepal; 32
nervös; 84
Nervosität, die; 96
nett; 76
neu; 23
Neubauviertel, das, -; 49
Neubeginn, der; 110
Neustadt, die; 72
neutrum; 23
nicht; 8
nichts; 51
nie; 19
Niederbayern; 56
niedrig; 53
niemand; 89
Nigeria; 33
NL (= die Niederlande; Pl);
18
noch; 25

Nominativ, der; 23
Norddeutschland; 49
Norden, der; 7
Nordsee, die; 44
normal; 96
normalerweise; 25
Not, die; 101
notieren; 10
nötig; 80
Notiz, die, -en; 19
Notwendigkeit, die, -en; 35
November, der; 18
Nr. (= die Nummer); 21
Nudelblatt, das, "-er; 82
Nudeln, die (Pl); 77
Null-Artikel, der; 23
Nummer, die, -n; 13
nun; 109
nur; 17
Nusstorte, die, -n; 14
nützlich; 94

O

o ja!; 15
oben; 38
Ober, der, -; 85
Oberlippe, die; 96
Oberstufe, die; 31
Obst, das; 75
oder; 14
Ofen, der, "-; 84
offen; 100, 107
öffentlich; 106
offiziell; 24
öffnen; 68, 96
Öffnung, die, -en; 109
oft; 19
oh!; 22
ohne; 10
Ohr, das, -en; 96
oje!; 22
O.K. (= Okay); 15
Oktober, der; 18
Öl, das, -e; 77
oliv; 43
Open Air, das, -s ; 18
Oper, die, -n; 15
Operation, die, -en; 100
Opernhaus, das, "-er; 15
orange; 46
Ordner, der, -; 38
Ordnung, die; 80
Organisation, die, -en; 32
Orgelbauer, der, -; 90
Orientierung, die; 12
Original, das, -e; 90
Originalbild, das, -er; 90
originell; 50
Orkan, der, -e; 92

Ort, der, -e; 12
Ortsname, der, -n ; 64
Ost und West; 107
Osten, der; 7
Österreich; 7
Österreicherin, die, -nen; 8
Osteuropa; 107
Ostler, der, -; 109

P

P (= Portugal); 18
Panorama, das, Panora-
men; 72
Pantomime, die, -n; 89
Papier, das, -e; 32
Paradestraße, die, -n; 108
Parterre, das; 53
Partizip, das; 62
Partner, der, -; 9
Partnerarbeit, die, -en; 37
Partnerin, die, -nen; 9
Party, die, -s; 51
passen; 22
passend; 61
passieren; 25
Patient, der, -en; 98
Pause, die, -n; 10
per; 106
Perfekt, das; 62
Person, die, -en; 7
Personalpronomen, das, -;
17
persönlich; 75, 96
Petersilie, die; 83
Pfahl, der, "-e; 93
Pfanne, die, -n; 85
Pfeffer, der; 77
Pfeil, der, -e; 28
Pferd, das, -e; 56
Pflanzenöl, das, -e; 96
Pflaster, das, -; 98
pflegen (sich); 96
phantastisch; 49
Pille, die -n; 100
Pizza, die, -s/Pizzen; 14
Pizzeria, die, -s/Pizzerien;
94
PL (= Polen); 18
Plan, der, "-e; 15
planen; 25
Planung, die, -en; 26
Plastik, das; 50
Platte, die, -n; 22, 82
Platz, der, "-e; 13, 50, 99
platzen; 89
Platzkarte, die, -n; 66
plötzlich; 59
Plural, der, -e; 29
Poesie, die; 90

Polen; 8
Politik, die; 25
politisch; 107
Polnisch; 8
Portion, die, -en; 33
Porträt, das, -s; 52
Position, die, -en; 70, 103
Positiv, der; 78
positiv; 17
Possessivartikel, der, -; 41
Post, die; 12
Poster, das, -; 51
Postkarte, die, -n; 32
prädikativ; 47
Präfix, das, -e; 29
praktisch; 49, 96
Präposition, die, -en; 30
Präsens, das; 17
Präsentation, die, -en; 26
Präteritum, das; 79
Präteritum-Signal, das, -e;
79
Praxis, die, Praxen; 99
Preis, der, -e; 32, 50
preiswert; 50
prima; 81
primitiv; 45
pro; 48
probieren; 81
Problem, das, -e; 31
Produkt, das, -e; 96
Programm, das, -e; 31, 32
Projekt, das, -e; 26
Projektionsapparat, der, -e;
90
Projektor, der, -en; 38
projizieren; 90
Pronomen, das, -; 54
Prospekt, der, -e; 15
Prost!; 81
Protokoll, das, -e; 27
Pudding, der, -e; 84
Pult, das, -e; 38
Punkt, der, -e; 60, 96
putzen; 85

Q

Quadratmeter (m², qm),
der, -; 48
Qualität, die, -en; 49, 101
quer; 67

R

Radiergummi, der, -s; 38
Radio, das, -; 30
Rahmsauce, die, -n; 83
Rand, der, "-er; 49
Rat, der; 35
raten; 51

Rathaus, das, "-er; 16
rauchen; 89, 91
rauf; 48
Raum, der, "-e; 32
Raumwort, das, "-er; 44
real; 103
Rechnung, die, -en; 83
recht; 99
rechts; 12
Recorder, der, -; 38
Redaktion, die, -en; 96
Redaktionskonferenz, die, -en; 25
reden; 58
reduziert; 66
Referenz, die; 11
Reflexivpronomen, das, -; 86
Regal, das, -e; 50
Regel, die, -n; 77
regelmäßig; 36, 62
Regen, der; 32
Region, die, -en; 49
regnen; 57
reiben *; 82
Reichstag, der; 108
Reihe, die, -n; 42
rein; 83, 96
Reis, der; 77
Reise, die, -n; 29
Reiseapotheke, die, -n; 98
Reisebüro, das, -s; 69
Reisemöglichkeit, die, -en; 67
reisen; 19
Reiseweg, der, -e; 58
reiten *; 56
renoviert; 49
Reportage, die, -n; 33
reservieren; 12
Reservierung, die, -en; 66
Rest, der, -e; 72
Restaurant, das, -s; 27
restauriert; 72
retten; 67, 92
Rettungsboot, das, -e; 92
Rezept, das, -e; 82
Rhythmus, der, Rhythmen; 16
richtig; 49
Richtung, die, -en; 13
Riesentraum, der, "-e; 59
riesig; 48
Ritt, der, -e; 59
Rock-Musik, die; 19
Rock-Musiker, der, -; 19
rollen; 89
rosa; 38
rot; 42

rotbraun; 43
rüber; 65
Rücken, der, -; 97
Rückenschmerzen, die (Pl); 97
Rückfahrkarte, die, -n; 66
Rückfrage, die, -n; 16
rudern; 92
Ruhe, die; 70, 81
ruhig; 49, 84, 92
rühren; 82
Ruine, die, -n; 72
Ruinenstadt, die, "-e; 91
Rum, der; 92
rund; 51, 96
Rundflug, der, "-e; 65
runter; 48

S
S (= Schweden); 18
S. (= die Seite); 59
Sache, die, -n; 54, 81
Sachertorte, die, -n; 14
sachlich; 84
Sachsen; 74
Sächsisch; 74
Sachverhalt, der, -e; 95
säen; 93
Saft, der, "-e; 75
sagen; 6
Sahne, die; 83
Saison, die, -s; 83
Salami, die, -s; 14
Salami-Sandwich, das, -(e)s; 14
Salat, der, -e; 14
Salat-Sandwich, das, -(e)s; 14
Salatteller, der, -; 83
Salbe, die, -n; 98
Salz, das; 77
salzig; 84
sammeln; 8
Sampler, der, -; 19
Sampling, das; 20
Samstag, der (= Sa); 26
Sand, der; 44
Sandbank, die, "-e; 92
Sandwich, das, -(e)s; 14
sanft; 96
Sänger, der, -; 19
Sängerin, die, -nen; 22
satt; 81
Satz, der, "-e; 10
Satzakzent, der, -e; 34
Satzende, das, -n; 10
Satzfrage, die, -n; 16
Satzgefüge, das, -; 94
Satzklammer, die, -n; 29

Satzzeichen, das, -; 60
Sauce, die, -n; 83
Säule, die, -n; 108
Sax-Spiel, das; 106
Saxophon, das, -e; 106
schade!; 22
Schädel, der, -; 93
schaffen; 67
Schaffner, der, -; 69
schälen; 82
scharlachrot; 52
schauen; 6, 13
Scheibe, die, -n; 82
scheinen *; 57
Schere, die, -n; 38
schießen *; 93
Schiff, das, -e; 65
Schiffshund, der, -e; 92
Schinken, der, -; 14
Schinken-Sandwich, das, -(e)s; 14
Schirm, der, -e; 93
Schlaf, der; 98
schlafen *; 27
Schlafsack, der, "-e; 58
Schlafzimmer, das, -; 48
Schlagzeug, das, -e; 19
schlecht; 20, 89
schließen *; 46
schlimm; 99
Schloss, das, "-er; 72
schlucken; 100
Schluss, der; 37
schmal; 53
schmecken; 75
Schmerz, der, -en; 89
Schmerztablette, die, -n; 98
Schmuck, der; 32
Schnappschuss, der, "-e; 110
Schnee, der; 61
schneiden *; 82
Schneidermeister, der, -; 89
schnell; 36
Schnitt, der, -e; 93
Schnitzel, das, -; 83
Schock, der, -s; 100
Schokolade, die, -n; 77
schon; 21, 26
schön; 42
Schornstein, der, -e; 53
schräg; 45
Schrank, der, "-e; 50
schrecklich; 51, 100
schreiben *; 10
Schriftsteller, der, -; 72
Schule, die, -n; 25
Schüler, der, -; 32
Schülerin, die, -nen; 32

Schultasche, die, -n; 38
Schüssel, die, -n; 85
schütteln; 56
schützen; 96
Schwäche, die, -n; 100
Schwamm, der, "-e; 38
schwarz; 43
schwarzgrün; 43
Schwede, der, -n; 10
Schwedisch; 7
Schweiz, die; 7
Schweizer, der, -; 8
Schweizerdeutsch, das; 7
Schweizerin, die, -nen; 49
schwer; 30
schwimmen *; 27
See, der, -n; 61
Segel, das, -; 92
segeln; 27
sehen *; 28
Sehenswürdigkeit, die, -en; 108
sehr; 13
Seife, die, -n; 96
sein; 7, 89
Sein, das; 100
sein-; 30
seit; 21, 49
Seite, die, -n; 59, 82
Sekunde, die, -n; 24
selbst; 39
Selbstgespräch, das, -e; 57
selten; 94
Seminar, das, -e; 26
Sensation, die, -en; 109
sensationell; 67
September, der; 18
Serviette, die, -n; 85
Servus!; 6
Sessel, der, -; 51
setzen (sich); 93, 97
Shampoo, das, -s; 96
Show, die, -s; 15
sich; 32
sicher; 50
Sicht, die; 58
sie; 6
sie (Pl); 9
Sie ; 6
Sieb, das, -e; 82
Siedlung, die, -en; 49
Siegessäule, die, -en; 108
Siena; 43
siezen; 77
Signal, das, -e; 70
Silbe, die, -n ; 16
Silhouette, die, -n; 72
singen *; 21
Singular, der; 23

Sinn, der; 37
Situation, die, -en; 36
Situativergänzung, die, -en; 54
sitzen *; 14
Sitzplatz, der, "-e; 66
Sklave, der, -n; 92
Skulptur, die, -en ; 91
so; 20, 25
so oft; 67
so viel; 67
Sofa, das, -s; 51
sofort; 31
Soldat, der, -en; 107
sollen *; 35
Solo, das, -s; 106
Sommer, der, -; 48
Sommerfest, das, -e; 32
sondern; 82
Sonderpreis, der, -e; 67
Sonne, die, -n; 57
Sonntag, der (= So); 26
sonst; 37, 89
Sorge, die, -n; 77
sorgen; 77
Soße, die, -n; 82
Sowjetunion, die; 107
sozial; 98
Soziale, das; 98
sozialistisch; 73
sozusagen; 108
Spag(h)etti, die (Pl); 27
Spanien; 9
Spanisch; 7
sparen; 89
Sparpreis, der, -e; 66
Spaß, der, "-e; 36, 90
spät; 24, 25
später; 25
Speise, die, -n; 14
Speisewagen, der, -; 69
spenden; 32
Spezialität, die, -en; 32
speziell; 31
Spiegel, der, -; 52
Spiel, das, -e; 30, 88, 106
spielen; 10, 51
Spieler, der, -; 89
Spinatspätzle, die (Pl); 83
Spirale, die, -n; 61
spitze/Spitze!; 20
Sport, der; 15
Sportunfall, der, "-e; 98
Sprache, die, -n; 6
Sprachkurs, der, -e; 30
sprachlich; 104
Sprechausdruck, der; 68
sprechen *; 6
Sprechmelodie, die; 10

Sprechpause, die, -n; 60
Sprechzimmer, das, -; 99
springen *; 92
spritzen; 89
Spülbecken, das, -; 50
spülen; 85
Spur, die, -en; 93
spüren; 94
Staat, der, -en; 28
Staatsgebiet, das, -e; 107
Stadt, die, "-e; 6
Stadtanlage, die; 91
Stadtbibliothek, die, -en; 12
Stadtblatt, das, "-er; 21
Stadtmensch, der, -en; 49
Stadtplan, der; "-e; 13
Stadtplatz, der, "-e; 16
Stadtrand, der; 49
Stadtrundfahrt, die, -en; 15
Stadtzentrum, das, Stadtzentren; 49
Stamm, der, "-e; 11
Stand, der, "-e; 74
stark; 56
starten; 57
Stau, der, -s; 67
staunen; 109
Steak, das, -s; 83
stecken; 94
stehen *; 44, 57
steigen *; 16, 57
Stein, der, -e; 72
Stelle, die, -n; 82
stellen; 21, 45
Stellung, die; 54
sterben; 100
Stift, der, -e; 38
Stil, der, -e; 22
Stimme, die, -n; 42
stimmen; 48
Stock, der; 48
Stockwerk, das, -e; 49
Stoff, der, -e; 110
stoppen; 69
stoßen *; 84
Strand, der, "-e; 44
Straße, die, -n; 13
Straßenbahn, die, -en; 16
Straßentheater, das, -; 90
Strecke, die, -n; 67
Streichquartett, das, -e; 32
Streifen, der, -; 107
streng; 107
Stress, der; 96
streuen; 82
Strichpunkt, der, -e; 60
Stück, das, -e; 50
Student, der, -en; 31
Studentin, die, -nen; 31

studieren; 14
Studierende, der/die, -n; 31
Stufe, die, -n; 48
Stuhl, der, "-e; 38
Stunde, die, -n; 21
stundenlang; 44
Sturm, der, "-e; 92
Suaheli; 33
Subjekt, das, -e; 11
Substantiv, das, -e; 23
Substantiv-Gruppe, die, -n; 102
suchen; 12
süchtig; 100
Südamerika; 92
Süden, der; 7
super; 20
Superlativ, der, -e; 78
Supermarkt, der, "-e; 75
Suppe, die, -n; 60
Suppentopf, der, "-e; 83
süß; 84
Symbol, das, -e; 72
sympathisch; 50
Symphonie, die, -n; 42
Synagoge, die, -n; 15
Szene, die, -n; 99

T
Tabak, der; 100
Tablette, die, -n; 98
Tafel, die, -n; 38
Tag, der, -e; 6, 93
Tag!; 10
Tagesablauf, der; 24
Tageskarte, die; 83
Tagessuppe, die; 83
Tageszeit, die, -en; 24
Tante-Emma-Laden, der, "-; 75
Tanz, der, "-e; 32
tanzen; 32
Tanzmusik, die; 32
Tanzwettbewerb, der, -e; 32
Tasche, die, -n; 38
Tasse, die, -n; 85
Taxi, das, -s; 101
Technik, die, -en; 37
Tee, der, -s; 14
Teil, der, -; 34
teilen; 109
teilnehmen *; 33
Teilnehmer, der, -; 37
teils - teils; 72
Teilung, die, -en; 109
Tel. (= das Telefon); 21
Telefon, das, -e; 26

Telefongespräch, das, -e; 67
telefonieren; 25
Teller, der, -; 83
Tempel, der, -; 91
temporal; 40
Teppich, der, -e; 51
Termin, der, -e; 19
Terminkalender, der, -; 19
Terrasse, die, -n; 48
testen; 39
teuer; 50
Text, der, -e; 8
Textwiedergabe, die, -n; 32
Thailand; 32
thailändisch; 32
Theater, das, -; 15, 90
Thema, das, Themen; 25
thematisch; 104
Therapie, die, -n; 100
Thermen, die (Pl); 91
Thunfisch, der, -e; 83
Ticket, das, -s; 67
tief; 16, 96
Tiergarten, der, "-; 108
Tinte, die, -n; 92
Tipp, der, -s; 38
Tiramisu, das, -s; 84
Tisch, der, -e; 38
Titel, der, -; 68
tja!; 51
Toast, der, -e/s; 28
toben; 92
Tod, der, -e; 93
todmüde; 92
Toilette, die, -n; 51
toll; 20
Tomate, die, -n; 28
Tombola, die, -s; 32
Topf, der, "-e; 83
Tor, das, -e; 108
Torte, die, -n; 14
töten; 93
Tour, die, -en; 18
Tourist, der, -en; 48
Tournee, die, -n; 18
tragen *; 32
Training, das; 96
Traum, der, "-e ; 53
träumen; 33, 58
Traumtag, der, -e; 28
Traumwohnung, die, -en; 53
traurig; 33
treffen (sich) *; 21, 25, 74
trennbar; 29
Treppe, die, -n; 48
Trick, der, -s; 96
trinken *; 25, 89

trocken; 96
Tropfen, die (Pl); 100
Tschechien; 64
tschechisch; 57
Tschechisch; 7
Tschechische Republik, die; 57
Tschechoslowakei, die; 107
tschüs!; 33
tun *; 39
Tür, die, -en; 51
Türkei, die; 8
Türkin, die, -nen; 8
türkis; 42
Türkisch; 7
Turm, der, "-e; 44
Turmwächter, der, -; 48
Turmwohnung, die, -en; 48
Typ, der, -en; 40
typisch; 43

U

U-Bahn, die, -n; 15
üben; 10
über; 20, 64
überall; 43
überbacken *; 83
überhaupt; 51
überholen; 69, 81
überleben; 94
überlegen; 15
überprüfen; 48
Überschrift, die, -en; 69
übersetzen; 61
Übersicht, die, -en; 86
übrigens; 75
Übung, die, -en; 31, 97
Übungsbuch, das, "-er; 31
Ufer, das, -; 92
Uhr; 21
Uhr, die, -en; 24
um; 25, 28
Umgangsformen, die (Pl); 77
Umgebung, die; 75
umschauen, sich; 74
umsteigen *; 67
unbekannt; 23, 94
unbestimmt; 23
und; 6
Unfall, der, -e; 98
Ungarn; 107
ungeduldig; 84
ungefähr; 49
Unglück, das, -e; 92
Unordnung, die; 51
unregelmäßig; 62
unser-; 38
Unsinn, der; 88

unten; 43
unter; 65, 92
unterhalten (sich) *; 32, 93
Unterricht, der; 30
unterscheiden *; 68
unterschiedlich; 44
unterwegs; 19
unwichtig; 34
uralt; 49
Ursache, die, -n; 95, 98

V

variieren; 14
Vater, der, "-; 100
vegetarisch; 81
Ventilator, der, -en; 51
Verabschiedung, die; 24
verändern (sich); 73
Veränderung, die, -en; 107
Veranstaltung, die, -en; 106
Verb, das, -en; 11
Verbandsmaterial, das, -ien; 98
verbessern; 34
verbinden*; 72
Verbindung, die, -en; 101
Verbot, das, -e; 35
Verbstamm, der, "-e; 40
Verdauung, die; 98
vereinfacht; 92
Vereinigung, die, -en; 73
verfolgen; 93
Verfolger, der, -; 93
vergehen *; 110
vergessen *; 85
Vergleich, der, -e; 78
vergleichen *; 10
verhüllen; 111
Verhüllung, die, -en; 110
Verkauf, der, "-e; 32
verkaufen; 33
Verkäufer, der, -; 50
Verkehr, der; 73
verlassen *; 93
verlieren *; 69, 100
vermuten; 48
vermutlich; 48
Vermutung, die, -en; 48
verschieden; 7
verschütten; 91
verschwinden *; 72
Versicherung, die, -en; 73
verstauchen; 100
verstehen (sich) *; 20, 33
Verstopfung, die, -en; 98
versuchen; 30, 81
Verwaltungszentrale, die, -n; 110

verwenden; 84
Video, das, -s; 31
Video-Recorder, der, -; 38
viel; 12
viele; 15
vielen Dank!; 12
vielleicht; 48
Viertel; 24
Viertel, das, -; 49
Villa, die, Villen; 45
violett; 43
Violett, das; 52
Vogel, der, "-; 68
Vokal, der, -e; 22
Volksmusik, die; 20
voll; 19
völlig; 73
vom (= von dem); 13
von; 7, 15, 34
vor; 24, 70
vor allem; 75
vorbeigehen *; 96
vorbereiten; 26
vorlesen *; 53
Vorliebe, die, -n; 35
Vormittag, der, -e; 24
Vorname, der, -n; 8
vorn(e); 16
Vorschlag, der, "-e; 67
vorschlagen; 74
Vorsicht!; 89
Vorsicht, die; 89
Vorspeise, die, -n; 83
vorstellen; 9, 61
Vorteil, der, -e; 49
Vortrag, der, "-e; 32
Vulkan, der, -e; 91

W

wachsend; 109
Wächter, der, -; 48
Wachturm, der, "-e; 107
wählen; 61, 83
wahr; 48
wahrscheinlich; 48
Wald, der, "-er; 58
Wand, die, "-e; 51
Wandel, der; 72
wandern; 27
Wanderung, die, -en; 68
Wandtafel, die, -n; 38
wann; 18
Ware, die, -n; 75
warten; 33
Wartezimmer, das, -; 99
warum; 30
was für; 74
was; 6, 9
Waschbecken, das, -; 52

waschen (sich); 96
Waschtisch, der, -e; 52
Wasser, das; 14, 46
WC, das, -s; 48
wechseln; 57
Wechselpräposition, die, -en; 70
Wecker, der, -; 25
weg; 21
weg sein *; 109
Weg, der, -e; 12
Wegbeschreibung, die, -en; 64
weggehen *; 25
weh tun; 89
wehen; 57
weil; 89
Wein, der, -e; 25
weiß; 44
Weißwein, der, -e; 87
weit; 13, 44
weiter; 18
weiter-; 94
weiterfahren *; 69
welch-; 7
Welle, die, -n; 92
Welt, die, -en; 100
weltberühmt; 92
Weltkrieg, der, -e; 109
Welttournee, die, -n; 18
wenig; 21
wenige; 44
wenn; 96
wer; 7
werden *; 48, 89
werfen (sich) *; 92, 93
Werkzeug, das, -e; 92
West und Ost; 107
Westen, der; 7
Westler, der, -; 109
Wettbewerb, der, -e; 32
Wetter, das; 57
Wettlauf, der, "-e; 32
wichtig; 30
wie; 21
wie?; 8
wie bitte?; 16
wie geht's?; 24
wie lange?; 18
wie spät?; 24
wieder; 36
wiedererkennen *; 104
Wiedergabe, die, -n; 32
wiederholen; 39
Wiederholung, die, -en; 104
Wiederholungskapitel, das, -; 104
wiehern; 56

Wiese, die, -n; 58
wild; 92
Wille, der; 35
Wind, der, -e; 57
Winter, der; 48
wir; 15
wirklich; 39
wissen *; 8
Wissen, das; 94
wo?; 7
Woche, die, -n; 18
Wochenende, das, -n; 27
Wochenplan, der, "-e; 27
Wochentag, der, -e; 26
woher?; 8
wohin?; 15
wohl; 43
Wohl, das; 81
wohnen; 7
Wohnhaus, das, "-er; 91
Wohnort, der, -e; 8
Wohnqualität, die; 49
Wohnraum, der, "-e; 51
Wohnsiedlung, die, -en; 49
Wohnung, die, -en; 48
Wohnungseinrichtung, die,
 -en; 50
Wohnviertel, das, -; 76
Wohnzimmer, das, -; 48
Wolke, die, -n; 57
wollen; 31
woran?; 68
Wort, das, "-er; 10
Wort-Gruppe, die, -n; 69
Wort-Karte, die, -n; 16

Wort-Kreis, der, -e; 61
Wort-Netz, das, -e; 10
Wort-Partner, die (Pl); 101
Wort-Pfeil, der, -e; 28
Wort-Spirale, die, -n; 61
Wortakzent, der, -e; 34
Wortende, das, -n; 29
Wörter-Bild, das, -er; 46
Wortschatz, der; 10
worüber?; 72
wunderbar; 32
wundern, sich; 59
wunderschön; 48
Wundsalbe, die, -n; 98
Wurst, die, "-e; 77
würzen; 82

Z
z.B. (= zum Beispiel); 44
z.T. (= zum Teil); 91
Zahl, die, -en; 18
zahlen; 89
zählen; 28
Zahn, der, "-e; 96
Zahnarzt, der, "-e; 101
Zähneputzen, das; 96
Zahnprobleme, die (Pl); 96
Zahnschmerzen, die (Pl);
 96
Zauberlaterne, die, -n; 90
Zauberspiel, das, -e; 88
Zehe, die, -n; 101
Zeichen, das, -; 29
zeichnen; 22
Zeichnung, die, -en; 53

zeigen; 32, 88
Zeile, die, -n; 92
Zeit, die, -en; 18, 76
Zeitablauf, der; 65
Zeitdauer, die; 65
Zeitplan, der, "-e; 39
Zeitraum, der, "-e; 110
Zeitschrift, die, -en; 31
Zeitung, die, -en; 23
Zeitungsbericht, der, -e; 21
Zeitungstext, der, -e; 21
Zelt, das, -e; 92
zelten; 27
zentral; 34
Zentrale, die, -n; 110
Zentrum, das, Zentren; 7
zerlegen; 94
zerstören; 15, 92
Zettel, der, -; 37
Ziege, die, -n; 93
Ziegel, der, -; 52
Ziegenfell, das, -e; 93
Ziel, das, -e; 37
ziemlich; 36
Zigarette, die, -n; 98
Zimmer, das, -; 12
Zitrone, die, -n; 14
Zitron(engelb), das; 52
Zoo, der, -s; 34
zu; 13, 21, 30
zu Ende; 44
zu Fuß; 13
zu Hause; 27
Zubereitungszeit, die; 82
Zucchini, die (Pl); 82

Zucker, der; 77
zuerst; 15, 25
zufrieden; 21
Zug, der, "-e; 16
zuhören; 44
Zukunft, die; 30
zulaufen *; 93
zuletzt; 96
zum (= zu dem); 13
zum Wohl!; 81
zuordnen; 21
zur (= zu der); 16
zurück; 18, 92
zurückbringen *; 31
zurückfliegen *; 65
zurückkommen *; 25
zusammen; 15
zusammenarbeiten; 37
zusammengehören; 73
zusammenpassen; 37
zusammenstehen *; 74
zusammenstellen; 83, 98
Zustand, der; 98
Zutaten, die (Pl); 82
zu viel; 39
zuwachsen *; 110
zwar; 109
zweimal ; 36
zwischen; 24

Alphabetische Liste der unregelmäßigen Verben in Kapitel 1–15

Infinitiv	3. Person Singular Perfekt (hat/ist + Partizip II)	Infinitiv	3. Person Singular Perfekt (hat/ist + Partizip II)
abbiegen	ist abgebogen	aufstehen	ist aufgestanden
abfahren	ist abgefahren	ausleihen	hat ausgeliehen
abreißen	hat/ist abgerissen	ausschneiden	hat ausgeschnitten
abschreiben	hat abgeschrieben	aussehen	hat ausgesehen
abwaschen	hat abgewaschen	aussprechen	hat ausgesprochen
anbieten	hat angeboten	aussteigen	ist ausgestiegen
anbraten	hat angebraten	backen	hat gebacken
anfangen	hat angefangen	beginnen	hat begonnen
ankommen	ist angekommen	bekommen	hat bekommen
anrufen	hat angerufen	beraten	hat beraten
ansehen	hat angesehen	beschreiben	hat beschrieben
anziehen (sich)	hat (sich) angezogen	besprechen	hat besprochen
aufnehmen	hat aufgenommen	bleiben	ist geblieben
aufschneiden	hat aufgeschnitten	braten	hat gebraten

Infinitiv	3. Person Singular Perfekt (hat/ist + Partizip II)	Infinitiv	3. Person Singular Perfekt (hat/ist + Partizip II)
brechen	hat gebrochen	müssen	hat gemusst
bringen	hat gebracht	nachsprechen	hat nachgesprochen
dazugießen	hat dazugegossen	nehmen	hat genommen
denken	hat gedacht	nennen (sich)	hat (sich) genannt
dürfen	hat gedurft	reiben	hat gerieben
einladen	hat eingeladen	reiten	ist geritten
einschlafen	ist eingeschlafen	scheinen	hat geschienen
einschließen	hat eingeschlossen	schießen	hat geschossen
einsteigen	ist eingestiegen	schlafen	hat geschlafen
empfehlen	hat empfohlen	schließen	hat geschlossen
entlangfahren	ist entlanggefahren	schneiden	hat geschnitten
entstehen	ist entstanden	schreiben	hat geschrieben
erfahren	hat erfahren	schwimmen	hat/ist geschwommen
erhalten	hat erhalten	sehen	hat gesehen
erkennen	hat erkannt	sein	ist gewesen
erschließen	hat erschlossen	singen	hat gesungen
erschrecken	ist erschrocken	sitzen	hat gesessen
ertrinken	ist ertrunken	sollen	hat gesollt
fahren	ist/hat gefahren	sprechen	hat gesprochen
fallen	ist gefallen	springen	ist gesprungen
fernsehen	hat ferngesehen	stehen	hat gestanden
festliegen	hat festgelegen	steigen	ist gestiegen
finden	hat gefunden	sterben	ist gestorben
fliegen	ist geflogen	stoßen	ist/hat gestoßen
fließen	ist geflossen	tragen	hat getragen
fressen	hat gefressen	trinken	hat getrunken
geben	hat gegeben	tun	hat getan
gefallen	hat gefallen	umsteigen	ist umgestiegen
gehen	ist gegangen	unterhalten (sich)	hat (sich) unterhalten
gelten	hat gegolten	unterscheiden	hat unterschieden
geschehen	ist geschehen	verbinden	hat verbunden
gießen	hat gegossen	vergehen	ist vergangen
halten (sich)	hat (sich) gehalten	vergessen	hat vergessen
hängen	hat gehangen	vergleichen	hat verglichen
heißen	hat geheißen	verlassen	hat verlassen
helfen	hat geholfen	verlieren	hat verloren
herbeilaufen	ist herbeigelaufen	verschwinden	ist verschwunden
hinreiten	ist hingeritten	verstehen (sich)	hat (sich) verstanden
kennen	hat gekannt	vorbeigehen	ist vorbeigegangen
klingen	hat geklungen	vorlesen	hat vorgelesen
kommen	ist gekommen	vorschlagen	hat vorgeschlagen
können	hat gekonnt	waschen (sich)	hat (sich) gewaschen
lassen	hat gelassen/lassen	weggehen	ist weggegangen
laufen	ist gelaufen	weiterfahren	ist weitergefahren
lesen	hat gelesen	werden	ist geworden
liegen	hat gelegen	werfen (sich)	hat (sich) geworfen
liegen bleiben	ist liegen geblieben	wiedererkennen	hat wiedererkannt
losfahren	ist losgefahren	wissen	hat gewusst
losgehen	ist losgegangen	wollen	hat gewollt
mitbringen	hat mitgebracht	zulaufen	ist zugelaufen
mitfliegen	ist mitgeflogen	zurückbringen	hat zurückgebracht
mitkommen	ist mitgekommen	zurückfliegen	ist zurückgeflogen
mitlesen	hat mitgelesen	zurückkommen	ist zurückgekommen
mitnehmen	hat mitgenommen	zusammenstehen	haben zusammengestanden
mögen	hat gemocht	zuwachsen	ist zugewachsen